2023
中国企业“走出去”风险发布会记录

主　编◎沈开涛
副主编◎邓　云　刘小军
张爱祥　纪　林
原　越　崔　敬

对外经济贸易大学出版社
中国·北京

图书在版编目（CIP）数据

2023 中国企业“走出去”风险发布会记录 / 沈开涛主编. —北京：对外经济贸易大学出版社，2024. 1

ISBN 978-7-5663-2586-0

Ⅰ. ①2… Ⅱ. ①沈… Ⅲ. ①企业-对外投资-风险分析-中国-2023 Ⅳ. ①F279. 247

中国国家版本馆 CIP 数据核字（2024）第 036292 号

2023 中国企业“走出去”风险发布会记录

沈开涛 **主编**

责任编辑：汪 洋

出版发行：对外经济贸易大学出版社
社　　址：北京市朝阳区惠新东街 10 号
网　　址：www. uibep. com
资源网址：www. uibepresources. com
邮政编码：100029
邮购电话：010-64492338
发行部电话：010-64492342
E-mail：uibep@ 126. com

成品尺寸：185mm×260mm
印　　张：10. 25
字　　数：206 千字
ISBN 978-7-5663-2586-0
印　　刷：北京时代华都印刷有限公司
版　　次：2024 年 1 月北京第 1 版
印　　次：2024 年 1 月第 1 次印刷
定　　价：108. 00 元

目 录

代序1
越是风高浪急
越要锚定“走出去”的安全根基

江泰国际合作联盟主席、江泰全球救援联盟主席　沈开涛

尊敬的各位来宾、各位专家，
女士们、先生们，新闻界的朋友们，
新浪网、优投网、大救星的网友们，

大家上午好！

经过三年疫情防控，今天6月9日，2023年中国企业“走出去”风险发布会又可以面对面地举办了。在此，请允许我代表大会主办方——江泰国际合作联盟、江泰全球救援联盟，对北京主会场以及全国22个分会场的嘉宾、线上观众、新闻媒体的朋友们，表示热烈欢迎！

九年前，我们怀揣着服务“走出去”企业的善良初心，创立了中国企业“走出去”风险发布会。经过九年来的探索与实践，风险发布会逐步形成了自己的风格和特色：一是聚焦共建“一带一路”的重点国别、区域和领域，提供中国视角的对外投资风险解读；二是紧扣企业高质量“走出去”的安全保障需求，发布境外风险防控解决方案和安全指引；三是发挥国际联盟和国内专业资源的作用，为企业“走得出、回得来”提供有价值的投资建议；四是借助数字化、平台化的科技赋能手段，为企业提供更好的对外投资风险防控服务的选择。

如今，中国企业“走出去”风险发布会已然成为大型年度品牌公益活动，得到政府、广大企业和很多行业的认可，受到社会和媒体的普遍关注，每届线上线下观众均超过千万人次。即便在三年疫情防控期间，风险发布会也没有停办，我们坚守公益初心和求实态度，以坚持不懈的努力，回报企业的支持和社会的关心。

女士们、先生们，当下，全球的安全形势严峻复杂。作为江泰国际合作联盟、江泰全球救援联盟的主席，我的工作决定了我时刻都要关注中国企业和公民在境外的安全。我认为，当下要想有效识别和防控面临的复杂风险，就要关注已经和正在形成的三大风

险特征：

一是全球疫情后的次生风险持续发酵，长尾效应仍在。疫情期间，主要发达国家货币滥发超发、财政负担超重、供应链失调等负面影响仍持续存在，世界经济复苏发展的前景仍不明朗；少数国家借机搞贸易保护主义以及所谓产业去风险化、供应链去“中国化”等，重创了经济全球化的基本格局；一些存在严重内部矛盾的国家，呈现市场波动、就业下滑、金融脆弱等不稳定现象，对区域营商环境雪上加霜。

二是已知的传统风险叠加交织，复合型风险破坏力更大。世界经济论坛在《2023全球风险报告》中提出了一个新词，叫多重危机，意思是一些风险相互作用，产生的复合风险更大，整体危机更强。对此，我深表赞同。一些看似可控的现象级风险，可能会因为一个偶然因素，导致相互穿透，引发不可控的危机风暴。当前，必须高度关注金融货币风险、俄乌冲突演变风险以及重大地缘政治风险等，警惕其连锁反应可能产生的复合破坏力。

三是中美关系进入关键阶段，美国在科技围堵、金融遏制和台海冲突等领域，对华打压层层加码，对我国构成了最大核心风险。同时，少数国家通过拉帮结派、滥用制裁、舆论污蔑等手段，导致核心风险放大和外溢，持续恶化中国企业的境外安全环境。

上述三大风险特征前所未有，对中国企业构成了全方位、全天候的压制性打击。对此，在战略上我们要藐视它，在战术上要重视它，锚定“走出去”发展的安全根基，最大限度降低各类风险的破坏和影响力。这也是今年“走出去”风险发布会的重要关切点。下面，我对安全根基的理念谈三点看法：

一是要锚定“走出去”安全风险防范化解的责任根基。落实政府管理责任和企业主体责任，是应对境外风险和挑战的根本保障。中国政府有制度优势，广大中小企业有聚合优势，只要在落实“两个责任”的工作合力上下功夫，尤其是发挥第三方的市场化、专业化作用，就能促进“两个责任”的融合，把政府的监督与服务工作、企业的防控与管理工作落到实处，筑牢企业“走出去”发展的安全基础。

二是要锚定“走出去”安全风险防范化解的资源根基。境外风险复杂多变，挑战千差万别，没有一个“走出去”的企业能单枪匹马，应对全面风险与挑战；也没有一个专业机构能够大包大揽，承接全部风险管控服务。多年的工作实践告诉我，国内外拥有大量的专业服务资源，整合好了，利用好了，企业“走出去”就不怕风高浪急，就能站稳脚跟。因此，我和我的团队一直在致力于各类专业服务资源的开发与合作，持续打造对外投资服务生态圈。

三是要锚定“走出去”安全风险防范化解的科技根基。运用科学技术，特别是在数据收集分析、风险评估、企业安全隐患排查等领域发挥作用，已然成为不可或缺的基础手段。历届风险发布会都注重发挥数字赋能的优势，不仅依托国际国内的权威渠道，还借助像“大救星”“优投”等第三方综合性服务平台的运营数据，把成千上万“走出去”的客户需求，与宏观风险数据融合，大大提升了企业和公民“走出去”安全指引的精准度。

以上看法不一定成熟，而且实践中的经验和成功做法更加丰富，我只能点到为止谈这些，仅供大会参考。

最后，预祝发布会取得圆满成功。谢谢！

扫码观看 演讲视频

代序2
企业“走出去”要适应新环境、应对新情况

中国产业海外发展协会会长　和振伟

尊敬的沈开涛主席，

各位嘉宾，女士们、先生们、朋友们：

大家上午好！历经多年的精心培育，由江泰两个国际联盟携手打造的“中国企业走出去风险发布会”，已成为极具影响力的全球性专题年会和助推我国企业高质量“走出去”参与国际合作的重要平台。作为本次活动的支持单位，我谨代表中国产业海外发展协会对发布会的成功召开表示热烈祝贺！向参会的各位嘉宾表示热情欢迎！

“走出去”和“引进来”，已经成为我国开拓国际市场、利用国际资源，参与经济全球化的必然选择。今年是习近平主席提出“一带一路”倡议十周年。十年来，中国已与151个国家和32个国际组织签署200余份共建“一带一路”合作文件。据商务部统计，2013年至2022年，中国与“一带一路”沿线国家货物贸易从1.04万亿美元增加至2.07万亿美元，年均增长8%；中国与沿线国家双向投资累计超过2 700亿美元。我们看到，“一带一路”倡议作为国际公共产品和国际合作平台，面对百年变局和世纪疫情，始终保持强大韧性和旺盛活力，持续为世界发展提供新机遇，为全球经济增长提供新动能。

去年（2022年）10月16日，习近平总书记在党的二十大报告中指出，要推动共建“一带一路”高质量发展。向进入新十年的“一带一路”倡议和共建者提出了更高的发展要求。“一带一路”倡议从大写意向工笔画转变，一方面，要把握世界发展趋势和沿线国家发展需求，拓展新的合作领域，形成新的发展模式，打造“一带一路”核心竞争力；另一方面，面对国际合作风险长期化、严峻化、复杂化趋势，必须立足于防范风险、化解风险，统筹好安全和发展的关系，推动共建“一带一路”行稳致远。在此背景下，持续做好做实“中国企业‘走出去’风险发布会”具有积极意义，尤其为我国出海企业全方位、多角度了解防范风险、应对突发事件，以及实施救援等提供政策引导和法律支持。

各位嘉宾，女士们、先生们！

今年以来，中国对疫情防控平稳转段，经济走向全面恢复，共建"一带一路"迎来新活力。与此同时，地缘冲突、逆全球化及美国等西方国家肆意扩大制裁范围，频繁制造"中国威胁论"，导致国际合作风险进一步加剧，企图遏制中国高水平对外开放和高质量发展。我们要适应新环境、应对新情况，早识别、早防范。为此，我提出以下五点建议：一要密切关注国际局势，加强对"走出去"形势的研判，及时向有关方面提出导向性建议；二要针对新时代的特点建立专业化对外投资风险管理体系，将风险意识渗透到企业对外经营和各个环节，力求形成良好的风险控制环境；三要不断完善和健全风险预警系统和突发事件应急处置机制，做到有备无患；四要重视与政府、行业协会、工会组织、非政府组织的沟通与合作，建立互信关系，拓展解决问题渠道；五要加强同本土企业合作，推进核心要素管理高度本地化，要通过合法手段以及救援协同维护自身权益。

各位嘉宾，我们中海协在国家发展改革委的指导下，始终致力于为企业"走出去"发展、参与共建"一带一路"和引进外资提供服务，由此与100多个国家的驻华大使馆和投资促进机构建立了紧密合作关系，特别是在协助和推动中哈产业与投资合作方面，做了大量富有成效的务实性工作，得到中哈两国元首的充分肯定和高度赞扬。大家知道，我们中海协与国家开发银行共同创办的中国对外投资合作洽谈会，已成功举办12届，每一届都有上百个国家的政府代表和驻华使节参会，以及超千名的海内外企业代表聚合在外洽会平台上共谋商机。借此机会，我诚挚邀请各位嘉宾莅临于（今年）6月16日在北京国际饭店举办的第十三届外洽会，主题是"'一带一路'新十年，再创投资新发展"，将围绕新时代中国与各国协力推进疫后经济复苏与繁荣，共创发展新机遇，共享互利新合作。

各位嘉宾，中海协将一如既往发挥好平台优势，同江泰国际合作联盟和江泰全球救援联盟一道，深化合作、携手并进，为我国海内外企业"走出去"参与"一带一路"国际合作提供有力支持和帮助，促进内外联通，助力企业更安全、更高水平、更高质量参与国际合作，为我国经济乃至世界经济发展做出积极努力和应有贡献。

最后，祝本次风险发布会圆满成功！谢谢大家！

扫码观看 演讲视频

代序3
方向正确了　办法总比困难多

江泰国际合作联盟主席、江泰全球救援联盟主席　沈开涛

尊敬的各位来宾、专家，

女士们、先生们，新闻界的朋友们，

新浪网、优投网的网友们，

大家下午好！

今天上午的风险发布大会，比较全面、客观地分析了当下全球风险的热点以及特征，呈现了世界不安宁、不稳定的一面。难道因此中国企业就不“走出去”了吗？肯定不会，“走出去”的趋势不可逆转。但是企业会更加谨慎，更加坚持。谨慎，就是要科学决策，整合资源，找准正确的对外投资方向；坚持，就是要循序渐进，量力而行，掌握对外投资中遇到问题的解决办法。从我接触到的众多中小企业看，凡是在“走出去”过程中，抱着谨慎的态度，选择了正确的对外投资方向，即便有些挫折一般也会成功；凡是迎着风险坚持下来，逐步掌握和完善抵抗风险的办法，“走出去”的回报就会越来越高。根据我的观察，把握“走出去”的正确方向必须做到三个坚持：

一是坚持在“一带一路”的主场开展投资。自2013年“一带一路”倡议实施以来，国家从顶层设计上积极扩大“朋友圈”，为“走出去”的中国企业提供了巨大的投资市场。当前国际投资环境发生了很大变化，中美经贸关系复杂多变、地缘政治冲突多发、安全赤字扩大等，给“走出去”的企业带来了很大的不确定性。要想规避风险，企业必须首选共建“一带一路”的合作国家，依靠既有的双边和多边机制，用好国家背书的对外投资红利，最大限度降低海外风险的不确定性。

二是坚持在引领市场发展的优势领域开展投资。全球疫情结束后，随着全球产业链、供应链加快调整，中国企业对外投资领域明显进入调整期。近年来，我国新兴领域的投资逐步扩大，新能源、电子商务、移动支付、人工智能等行业“走出去”的动力强劲，不仅提高了在价值链上游的竞争优势，也增强了在全球市场配置资源、分散风险的能力。

三是坚持在有助于产业升级的特色园区开展投资。境外合作园区正在成为我国产

业结构调整、参与全球市场布局的重要承接平台。因此，优先选择海外园区进行投资，对于多数想“走出去”的中小企业来说，无疑是一个正确的方向。比如，可以抱团进驻海外园区，促进产业链上下游紧密合作；可以通过境外园区获得较为完善的综合服务，“一站式”解决政策申请、商业注册、物流清关等监管要求；可以把园区作为应对当地政局动荡、社会冲突的“避风港”，降低企业海外投资的公共安全风险，等等。

女士们，先生们，

今天上午，风险发布会的听众超过千万人次，还有二十余个线下分会场的几千家企业参与其中。围绕企业“走出去”发展，大家在想什么？听什么？是我一直关注的焦点。我坚信，只要“走出去”的方向正确了，就一定有办法解决对外投资遇到的问题。这是我主张举办全球投资服务论坛的初心。接下来的论坛内容很丰富。下面，我先做个发言，就算抛砖引玉，期待各位专家发挥专业特长，给现场和线上的观众一些建议。

一、外汇风险错综复杂，成为当下“走出去”企业的难点。近期，全球金融形势复杂严峻，发达经济体高利率、高通胀、高债务并存，货币政策紧缩效应显现。部分国家出台了外汇管制措施，我国也相应收紧了企业结汇手续等。目前，“走出去”企业收汇难、结算难的风险增大，汇率剧烈的波动，必然导致企业经营成本提高，甚至出现亏损等被动局面。为此，国家外汇管理部门以及金融行业要采取更加透明的政策措施，帮助企业提升外汇避险能力，同时推出外汇衍生品对冲外汇市场的风险。

二、海外合规经营难度增大，构成企业可持续发展的挑战。首先，在世界经济出现逆全球化的大背景下，全球新出台的投资政策措施中，限制或监管性政策措施，占比高达40%以上；尤其是出口管制、单边制裁、国家安全审查等歧视性政策，使中国企业海外投资的利益保护难上加难。其次，为扩大和保护本国人就业，各国在工时薪酬、反歧视、解雇等方面的法律规范趋于严格，一旦中国企业触犯劳工政策，极可能引发劳动争议或海外群体性事件。同时，企业在外派员工管理、外派员工的工作签证合规等方面，也面临各种各样的问题。

三、应对风险的手段单一，迫使企业承担更多的风险自留。风险防控是一个跨学科的专业领域，“走出去”的企业必须依靠外部资源提供的专业服务，以达到预防、转嫁、处置各类风险的目的。从全球角度看，对外投资发生风险是必然的；从概率上讲，发生在自己身上的风险是偶然的。很遗憾，很多企业不太懂得必然性存在于偶然性之中的风险规律，没有做好风险预防、应急预案、风险转嫁的准备，仍然选择风险自留，导致事后处置的难度和成本增加。因此，政府要鼓励和引导企业用好商业保险的风险转嫁作用。同时，提供风险管控服务的机构，也应该率先与保险服务对接，帮助“走出去”

的企业守住抗风险的底线。

另外，通过加强与本地化、专业化和平台化的第三方服务商的合作，打开企业解决问题、化解风险的眼界、思路，为企业提供解决问题、化解风险的手段，是我在过去几届论坛致辞中多次讲过的内容，这里就不再重复讲了。让我把时间交给在座的各位嘉宾。

祝本届论坛圆满成功！

扫码观看 演讲视频

代序4
全球救援服务　全球冷暖互助

江泰国际合作联盟主席、江泰全球救援联盟主席　沈开涛

尊敬的各位来宾、各位专家，

女士们、先生们，新闻界的朋友们，

新浪网、“大救星”的网友们，

大家下午好！

2016年，“大救星”创立了江泰全球救援联盟。我担任联盟主席后，首次策划并举办了这个论坛，到今年已经是第八届了。

据我了解，新冠疫情作为全球公共卫生危机虽然结束了，但全球救援市场停摆的危机还没有过去，出境人员流动还未恢复到疫前水平，很多机构仍面临业务收入锐减、经营困难甚至倒闭的困境；一些救援业务的重要枢纽区域，深受被激化的冲突和矛盾困扰，阻碍了全球救援业务的恢复发展；不少救援新需求，突破了传统救援业务的边界，给救援业务的发展带来新的机遇和挑战。

我判断，未来全球救援的需求和供给，在市场恢复发展中将呈现两个特征：一是跨国跨界的救援事件不仅多，而且杂，传统救援服务可能会应接不暇；二是因为业务多和杂，倒逼救援服务在深度和广度上进行创新，新模式会不断涌现。借此机会，我先谈四点看法。

一是依托“联盟联姻、平台联结”，提供优质的本土化救援服务。新冠疫情的一大结果，是唤醒了全人类对健康安全的普遍重视，进而催生了救援服务的新需求、新标准。面对信息共享、资源共用、降低成本、专业协作等救援服务的更高要求，一家独大的传统救援市场格局肯定要变，满足多样化服务需求的联盟化、本地化、平台化的救援服务模式，将逐步发展成为主流模式。所以我一再呼吁，世界各地的救援机构要联起手来，紧密合作，壮大全球救援联盟，并借助平台，联结全球各种类型的服务资源，形成联盟成员本土化服务的新优势。

“大救星”从成立之初，就开始与全球200多家不同类型的服务资源企业，形成全球救援联盟；并依托联盟平台，实现联盟成员之间本地化的服务合作，这也是“大救

星"在疫情期间生存下来的制胜法宝。

二是汲取被动防控全球疫情的教训，持续强化前置干预，提升风险预防能力。俗话说"天有不测风云"，人死人伤的意外事件总会发生，提前做好准备，到时候才不会"哭天抢地"。因此，要针对危及生命健康安全的不确定因素，积极推动落实风险识别、风险防范工作，持续强化风险管控的前置评判和干预。我特别呼吁，专业机构要依托案例库及大数据分析工具，对各类风险进行模拟分析，以场景化的方式，贴合全过程进行风险识别，最大程度做好风险防范和转移工作。

三是主动走出"金字塔"式的高费用服务模式，积极探索综合救援服务在日常场景中落地。除了传统医疗及旅行援助服务外，要围绕本地社区的老百姓日常生活、健康场景下的各类救援服务需求，持续增加服务供给。像健康管理、运动防护等救治类新型需求，需要专业化的服务；老人、小孩，甚至宠物的临时看护等，也需要我们提供服务；至于家庭维保、清洁服务、纠纷调解、法律咨询等救助类服务需求，就在我们身边大量存在。"大救星"从成立之初就提出了"四救十六助"综合救援服务，目前的应用场景越来越多，大众市场的救援服务需求不断得到满足。

四是加快双向救援服务的广泛应用，实现"全球救援服务、全球冷暖共助"。改革开放是国家长期坚持的基本国策，"走出去、引进来"是各地经济社会发展的基本要求。所以，救援服务不仅要关注"走出去"人群的"冷暖"，也需要关注"走进来"人群的"冷暖"，真正体现救援服务无国别的服务待遇。为此，国内要加快布局健康管理、医疗直付、出行救援、旅行援助、日常家庭生活等方面的资源配置，为国内公民提供完善的服务；国外要对接全球救援联盟成员的服务标准和流程，为他们在中国境内的客户提供救援服务支持。用现在比较时髦的话说，就是打通国际国内两个市场，畅通境内境外救援救助服务。

今天，有不少国际联盟成员齐聚于此。接下来，让我们聆听他们的真知灼见。

最后，预祝本届论坛圆满成功，谢谢！

扫码观看 演讲视频

第 1 部分

2022 年度中国对外直接投资与风险防控综述

1.1　中国支持高质量共建“一带一路”的八项行动①

2023 年 10 月 18 日　北京

中共中央总书记、国家主席、中央军委主席习近平在第三届“一带一路”国际合作高峰论坛开幕式发表题为《建设开放包容、互联互通、共同发展的世界》的主旨演讲，宣布中国支持高质量共建“一带一路”的八项行动。

行动一：构建“一带一路”立体互联互通网络

中方将加快推进中欧班列高质量发展，参与跨里海国际运输走廊建设，办好中欧班列国际合作论坛，会同各方搭建以铁路、公路直达运输为支撑的亚欧大陆物流新通道。

积极推进“丝路海运”港航贸一体化发展，加快陆海新通道、空中丝绸之路建设。

行动二：支持建设开放型世界经济

中方将创建“丝路电商”合作先行区，同更多国家商签自由贸易协定、投资保护协定。

全面取消制造业领域外资准入限制措施。

主动对照国际高标准经贸规则，深入推进跨境服务贸易和投资高水平开放，扩大数字产品等市场准入，深化国有企业、数字经济、知识产权、政府采购等领域改革。

中方将每年举办“全球数字贸易博览会”。

未来 5 年（2024—2028 年），中国货物贸易、服务贸易进出口额有望累计超过 32 万亿美元、5 万亿美元。

行动三：开展务实合作

中方将统筹推进标志性工程和“小而美”民生项目。

中国国家开发银行、中国进出口银行将各设立 3 500 亿元人民币融资窗口，丝路基金新增资金 800 亿元人民币，以市场化、商业化方式支持共建“一带一路”项目。

本届高峰论坛期间举行的企业家大会达成了 972 亿美元的项目合作协议。

中方还将实施 1 000 个小型民生援助项目，通过“鲁班工坊”等推进中外职业教育合作，并同各方加强对共建“一带一路”项目和人员安全保障。

行动四：促进绿色发展

中方将持续深化绿色基建、绿色能源、绿色交通等领域合作，加大对“一带一路”绿色发展国际联盟的支持，继续举办“一带一路”绿色创新大会，建设光伏产业对话

① 新华网，http://www.xinhuanet.com/2023-10/18/c_1129922611.htm，2023-10-18 11:39.

交流机制和绿色低碳专家网络。

落实"一带一路"绿色投资原则，到2030年为伙伴国开展10万人次培训。

行动五：推动科技创新

中方将继续实施"一带一路"科技创新行动计划，举办首届"一带一路"科技交流大会，未来5年把同各方共建的联合实验室扩大到100家，支持各国青年科学家来华短期工作。

中方将在本届论坛上提出全球人工智能治理倡议，愿同各国加强交流和对话，共同促进全球人工智能健康有序安全发展。

行动六：支持民间交往

中方将举办"良渚论坛"，深化同共建"一带一路"国家的文明对话。

在已经成立丝绸之路国际剧院、艺术节、博物馆、美术馆、图书馆联盟的基础上，成立丝绸之路旅游城市联盟。

继续实施"丝绸之路"中国政府奖学金项目。

行动七：建设廉洁之路

中方将会同合作伙伴发布《"一带一路"廉洁建设成效与展望》，推出《"一带一路"廉洁建设高级原则》，建立"一带一路"企业廉洁合规评价体系，同国际组织合作开展"一带一路"廉洁研究和培训。

行动八：完善"一带一路"国际合作机制

中方将同共建"一带一路"各国加强能源、税收、金融、绿色发展、减灾、反腐败、智库、媒体、文化等领域的多边合作平台建设。

继续举办"一带一路"国际合作高峰论坛，并成立高峰论坛秘书处。

1.2　三部委联合发布：中国对外直接投资流量位列全球第二①

2023 年 9 月 28 日，商务部、国家统计局和国家外汇管理局联合发布《2022 年度中国对外直接投资统计公报》（以下简称《公报》）。

《公报》分中国对外直接投资综述、中国对外直接投资流量存量、中国对世界主要经济体的直接投资、对外直接投资者构成、对外直接投资企业构成、附表等六部分，全面反映 2022 年中国对外直接投资情况。

2022 年中国对外直接投资主要呈现以下特点：

一是对外投资规模保持世界前列。2022 年，中国对外直接投资流量 1 631.2 亿美元，为全球第 2 位，连续 11 年列全球前三，连续七年占全球份额超过一成。2022 年末，中国对外直接投资存量达 2.75 万亿美元，连续六年排名全球前三。

二是境外企业覆盖全球超过 80% 的国家和地区。2022 年末，中国境内投资者共在全球 190 个国家和地区设立境外企业 4.7 万家。近 60% 分布在亚洲，北美洲占 13%，欧洲 10.2%，拉丁美洲 7.9%，非洲 7.1%，大洋洲 2.6%。其中，在共建“一带一路”国家设立境外企业 1.6 万家。

三是投资领域广泛。2022 年，中国对外直接投资涵盖了国民经济的 18 个行业大类，其中流向租赁和商务服务、制造、金融、批发零售、采矿、交通运输等领域的投资均超过百亿美元。

四是地方企业对外投资持续活跃。2022 年中国对外非金融类投资流量中，地方企业 860.5 亿美元，占 61%，较上年提升 3.3 个百分点。其中，东部占比 77.3%。浙江、广东、上海列前三位。

五是互利共赢助力经济发展。2022 年，境外企业向投资所在地纳税 750 亿美元，增长 35.1%。年末境外企业员工总数超 410 万人，其中雇用外方员工近 250 万。当年对外投资带动货物进出口 2 566 亿美元。非金融类境外企业实现销售收入 3.5 万亿美元，增长 14.4%。

① 中华人民共和国商务部网站，http://www.mofcom.gov.cn/article/bnjg/202309/20230903443704.shtml，2023-09-28 09:00.

1.3 2022年度中国对外直接投资统计公报（节选）[①]

2022年全球外国直接投资流出流量下降14%，跨境并购规模大幅下降。中国对外直接投资1 631.2亿美元，蝉联世界第二位。

一、中国对外直接投资综述

2022年，中国对外直接投资净额（以下简称流量）为1 631.2亿美元，比上年下降8.8%。

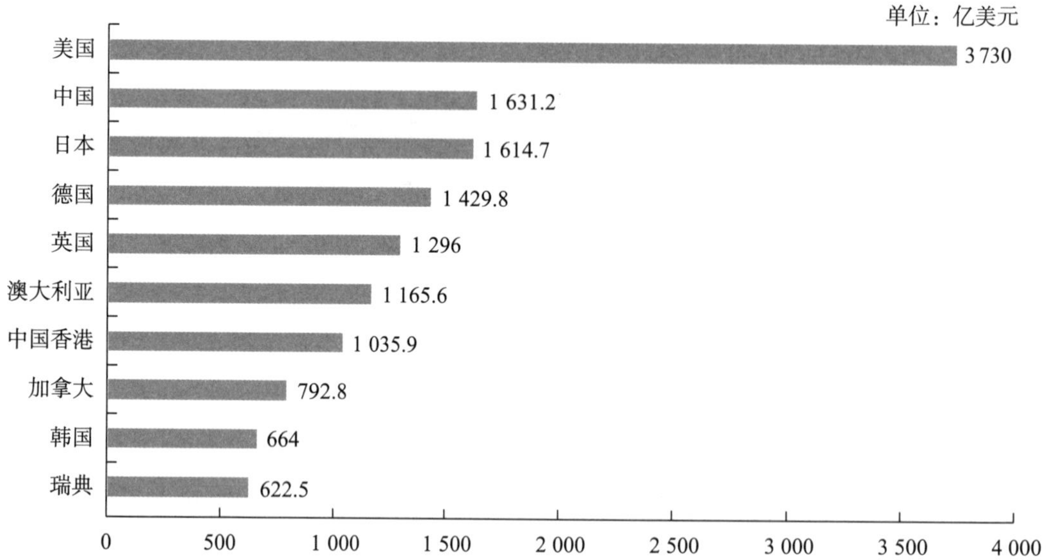

图1 2022年中国与全球主要国家（地区）流量对比

截至2022年底，中国2.9万家境内投资者在国（境）外共设立对外直接投资企业[②]（以下简称境外企业）4.66万家，分布在全球190个国家（地区）[③]，年末境外企业资产总额8.4万亿美元。对外直接投资累计净额（以下简称存量）27 548.1亿美元，其中：股权投资14 845.6亿美元，占53.9%；收益再投资9 626.4亿美元，占34.9%；债务工具投资3 076.1亿美元，占11.2%。

联合国贸发会议（UNCTAD）《2023世界投资报告》显示，2022年全球对外直接投资流量1.5万亿美元，年末存量39.9万亿美元。以此为基数计算，2022年中国对外

① 中华人民共和国商务部网站，http://hzs.mofcom.gov.cn/article/date/202309/20230903443704.shtml，2023-09-28 09:00.

② 对外直接投资企业：指境内投资者直接拥有或控制10%或以上股权、投票权或其他等价利益的境外企业。

③ 对外直接投资的国家（地区）按境内投资者投资的首个目的地国家（地区）进行统计。

直接投资分别占全球当年流量、存量的 10.9% 和 6.9%，流量列全球国家（地区）排名的第二位，存量列第三位。

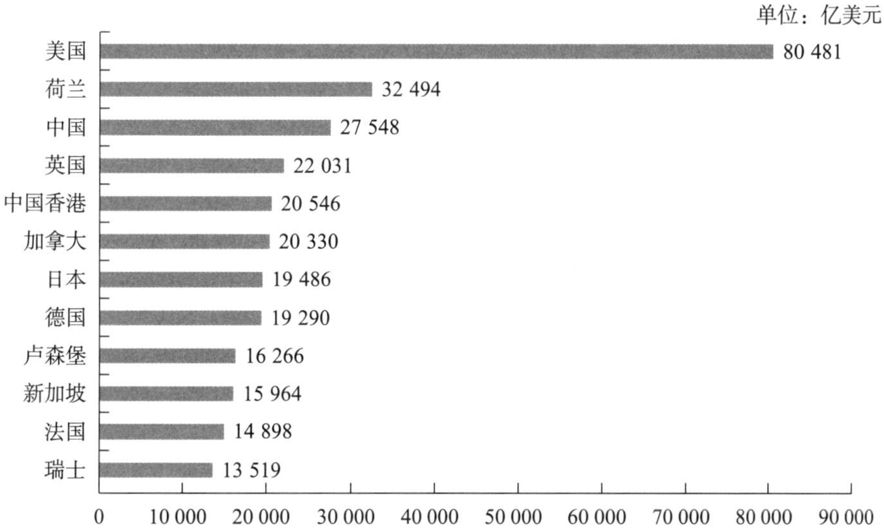

图 2　2022 年中国与全球主要国家（地区）存量对比

注：2022 年中国对外直接投资数据来源于《中国对外直接投资统计公报》，其他国家（地区）数据来源于联合国贸发会议《2023 世界投资报告》。

2022 年，中国对外非金融类直接投资流量 1 410 亿美元，比上年下降 7.3%；对外投资带动货物出口 1 742 亿美元，占中国货物出口总值的 4.5%；对外投资带动货物进口 824 亿美元，占中国货物进口总值的 3%；境外企业实现销售收入 34 740 亿美元，比上年增长 14.4%。2022 年末，中国对外非金融类直接投资存量 24 509.1 亿美元，境外企业资产总额 5.3 万亿美元。

二、中国对外直接投资流量、存量

表 1　中国建立《对外直接投资统计制度》以来历年统计结果

年份	流量			存量	
	金额/亿美元	全球位次	比上年增长/%	金额/亿美元	全球位次
2002	27.0	26	——	299.0	25
2003	28.5	21	5.6	332.0	25
2004	55.0	20	93.0	448.0	27
2005	122.6	17	122.9	572.0	24
2006	211.6	13	43.8	906.3	23
2007	265.1	17	25.3	1 179.1	22

续表

年份	流量			存量	
	金额/亿美元	全球位次	比上年增长/%	金额/亿美元	全球位次
2008	559.1	12	110.9	1 839.7	18
2009	565.3	5	1.1	2 457.5	16
2010	688.1	5	21.7	3 172.1	17
2011	746.5	6	8.5	4 247.8	13
2012	878.0	3	17.6	5 319.4	13
2013	1 078.4	3	22.8	6 604.8	11
2014	1 231.2	3	14.2	8 826.4	8
2015	1 456.7	2	18.3	10 978.6	8
2016	1 961.5	2	34.7	13 573.9	6
2017	1 582.9	3	-19.3	18 090.4	2
2018	1 430.4	2	-9.6	19 822.7	3
2019	1 369.1	2	-4.3	21 988.8	3
2020	1 537.1	1	12.3	25 806.6	3
2021	1 788.2	2	16.3	27 851.5	3
2022	1 631.2	2	-8.8	27 548.1	3

注：1. 2002—2005 年数据为中国对外非金融类直接投资数据，2006—2022 年为全行业对外直接投资数据。

2. 2006 年同比为对外非金融类直接投资比值。

（一）2022 年中国对外直接投资流量

1. 流量蝉联全球第二，占全球比重提升 0.4 个百分点。

联合国贸发会议（UNCTAD）《2023 世界投资报告》显示，2022 年全球对外直接投资流量 1.5 万亿美元，比上年下降 14%，其中发达经济体①对外直接投资 1.03 万亿美元，比上年下降 17.2%，占全球流量的 69.1%；发展中经济体对外投资 4 589 亿美元，比上年下降 5.4%，占 30.9%。

2022 年，中国对外直接投资流量 1 631.2 亿美元，与上年历史次高值相比，下降 8.8%，占全球份额的 10.9%，较上年提升 0.4 个百分点。

自 2003 年发布年度对外直接投资统计数据以来，中国已连续 11 年位列全球对外直

① 包括欧盟、欧洲其他国家、加拿大、美国、澳大利亚、百慕大群岛、以色列、日本、韩国、新西兰。

接投资流量前三，对世界经济的贡献日益凸显。2022 年流量是 2002 年的 60 倍，年均增长速度高达 22.8%。

2. 受多重因素影响，对外投资并购数量和规模有所下降。

2022 年，全球经济复杂多变，外部环境不稳定、不确定、难预料因素增多。中国对外投资并购实际交易总额 200.6 亿美元，同比下降 37%。其中，直接投资[①] 151.9 亿美元，占并购总额的 75.7%，占当年中国对外直接投资总额的 9.3%；境外融资 48.7 亿美元，占并购总额的 24.3%。企业共实施对外投资并购项目 483 起，涉及 56 个国家（地区）。

2022 年，中国企业对外投资并购涉及采矿业、制造业、科学研究和技术服务业等 17 个行业大类。从并购金额上看，采矿业 54.3 亿美元，居首位，涉及 20 个项目。制造业 42.1 亿美元，居次席，涉及 119 个项目。科学研究和技术服务业 25.7 亿美元，居第三位，涉及 104 个项目。

2022 年，中国企业对外投资并购分布在全球 56 个国家（地区），从并购金额看，开曼群岛、巴西、中国香港、阿根廷、英国、新加坡、英属维尔京群岛、津巴布韦、加拿大、美国位列前十。

2022 年，中国企业对共建“一带一路”国家实施并购项目 118 起，并购金额 55.2 亿美元，占并购总额的 27.5%。其中，阿根廷、新加坡、津巴布韦、韩国、哈萨克斯坦和印度尼西亚吸引中国企业投资并购规模均超 3 亿美元。

3. 收益再投资占比近半，股权投资较上年增长 15%。

从中国对外直接投资流量构成看，2022 年境外企业的经营情况良好，七成企业盈利或持平，当年收益再投资（即新增留存收益）803.8 亿美元，为历史次高值，占同期中国对外直接投资流量的 49.3%。

4. 投资领域广泛，六大领域投资占近九成。

2022 年，中国对外直接投资涵盖了国民经济的 18 个行业大类，其中流向租赁和商务服务、制造、金融、批发和零售、采矿、交通运输/仓储和邮政业的投资均超过百亿美元。租赁和商务服务业保持首位，制造业由上年第三位上升至第二位。

表 2　　2022 年中国对外直接投资流量行业分布情况

行业	流量/亿美元	比上年增长/%	比重/%
合计	1 631.2	-8.8	100.0
租赁和商务服务业	434.8	-11.9	

① 指境内投资者或其境外企业收购项目的款项来源于境内投资者的自有资金、境内银行贷款（不包括境内投资者担保的境外贷款）。

续表

行业	流量/亿美元	比上年增长/%	比重/%
制造业	271.5	1.0	
金融业	221.2	-17.5	
批发和零售业	211.7	-24.8	
采矿业	151.0	79.5	
交通运输、仓储和邮政业	150.4	23.0	
电力/热力/燃气及水的生产和供应业	54.5	24.1	
科学研究和技术服务业	48.2	-4.9	
房地产业	22.1	-46.1	
信息传输/软件和信息技术服务业	16.9	-67.1	
文化/体育和娱乐业	15.3	1 600.0	
建筑业	14.5	-68.6	
居民服务/修理和其他服务业	6.8	-62.4	
农/ 林/ 牧/ 渔业	5.1	-45.2	
卫生和社会工作	2.9	-14.7	
教育	2.4	700.0	
水利/环境和公共设施管理业	1.8	-18.2	
住宿和餐饮业	0.1	-96.3	

5. 超七成投资流向亚洲地区，对北美洲、大洋洲投资快速增长。

表 3　　2022 年中国对外直接投资流量地区构成情况

洲别	金额/亿美元	比上年增长/%	比重/%
亚洲	1 242.8	-3.0	76.2
欧洲	103.4	-4.9	6.3
非洲	18.1	-63.7	1.1
北美洲	72.7	10.5	4.5
拉丁美洲	163.5	-37.5	10.0
大洋洲	30.7	44.8	1.9
合计	1 631.2	-8.8	100.0

表 4　　　　2022 年中国对外直接投资流量前二十位的国家（地区）

序号	国家（地区）	流量/亿美元	占总额比重/%
1	中国香港	975.3	59.8
2	英属维尔京群岛	91.2	5.6
3	新加坡	83.0	5.1
4	美国	72.9	4.5
5	开曼群岛	57.6	3.5
6	印度尼西亚	45.5	2.8
7	卢森堡	32.5	2.0
8	英国	28.2	1.7
9	澳大利亚	27.9	1.7
10	中国澳门	21.3	1.3
11	德国	19.8	1.2
12	瑞典	18.5	1.1
13	越南	17.0	1.0
14	阿拉伯联合酋长国	16.1	1.0
15	马来西亚	16.1	1.0
16	泰国	12.7	0.8
17	土耳其	7.5	0.5
18	南非	6.8	0.4
19	柬埔寨	6.3	0.4
20	尼日尔	5.7	0.3
	合计	1 561.9	95.7

6. 中央企业和单位投资降幅较大，地方企业占比提升 3.3 个百分点。

2022 年，中央企业和单位对外非金融类直接投资流量 549.5 亿美元，占非金融类流量的 39%，比上年下降 14.5%。地方企业 860.5 亿美元，下降 1.9%，占 61%，较上年提升 3.3 个百分点。其中，东部地区 665.5 亿美元，占地方投资流量的 77.3%，下降 7.3%；中部地区 93.8 亿美元，占 10.9%，下降 6.5%；西部地区 93.5 亿美元，占 10.9%，增长 107.3%；东北三省 7.7 亿美元，占 0.9%，下降 44.1%。浙江、广东、上海、山东、北京、江苏、天津、四川、江西、河北列地方对外直接投资流量前十位，合计 678.6 亿美元，占地方对外直接投资流量的 78.8%。深圳市对外直接投资流量 58.4 亿美元，列计划单列市之首，占广东省的 50%。

7. 非公有经济控股主体对外投资增长 1.5%，占非金融类流量过半。

2022 年，在中国对外非金融类投资流量中，非公有经济控股的境内投资者对外投资 709.4 亿美元，增长 1.5%，占 50.3%，较上年提升 4.3 个百分点；公有经济控股对外投资 700.6 亿美元，占 49.7%，下降 14.7%。

（二）2022 年末中国对外直接投资存量

1. 在全球的位置和比重

2022 年末，中国对外直接投资存量 27 548.1 亿美元，较上年末减少 303.4 亿美元①，是 2002 年末存量的 92.1 倍，占全球外国直接投资流出存量的份额由 2002 年的 0.4%提升至 2022 年的 6.9%，排名由第 25 位攀升至第 3 位，仅次于美国（8 万亿美元）、荷兰（3.2 万亿美元）。

2. 国家（地区）分布

2022 年末，中国对外直接投资存量分布在全球的 190 个国家（地区），占全球国家（地区）总数的 81.5%。

2022 年末，中国在亚洲的投资存量为 18 318.6 亿美元，占 66.5%，主要分布在中国香港、新加坡、印度尼西亚、中国澳门、马来西亚、阿拉伯联合酋长国、越南、泰国等国家（地区）；中国香港占亚洲存量的 86.7%。

中国在拉丁美洲的投资存量为 5 961.5 亿美元，占 21.6%，主要分布在英属维尔京群岛、开曼群岛、巴西、秘鲁、阿根廷、墨西哥、巴哈马、智利、巴拿马、牙买加、委内瑞拉、厄瓜多尔等国家（地区）。其中英属维尔京群岛和开曼群岛合计存量 5 787.9 亿美元，占对拉美地区投资存量的 97.1%。

中国在欧洲的投资存量为 1 410.7 亿美元，占 5.1%，主要分布在荷兰、卢森堡、英国、瑞典、德国、俄罗斯联邦、瑞士、法国、意大利、爱尔兰、西班牙、格鲁吉亚等国家。2022 年末，在中东欧 17 国的投资存量为 34.9 亿美元，占对欧投资的 2.5%。

中国在北美洲的投资存量为 1 034.9 亿美元，占 3.8%，主要分布在美国、加拿大。

中国在大洋洲的投资存量为 413.4 亿美元，占 1.5%，主要分布在澳大利亚、新西兰、巴布亚新几内亚、萨摩亚、马绍尔群岛共和国、斐济等国家。

中国在非洲的投资存量为 409 亿美元，占 1.5%，主要分布在南非、刚果（金）、埃塞俄比亚、尼日利亚、赞比亚、安哥拉、尼日尔、肯尼亚、阿尔及利亚、津巴布韦、毛里求斯、坦桑尼亚、埃及、莫桑比克、加纳等国家。

---

① 联合国贸发会议《2023 世界投资报告》显示，2022 年全球对外直接投资存量较上年末减少 2.8 万亿美元，缩减 6.6%。

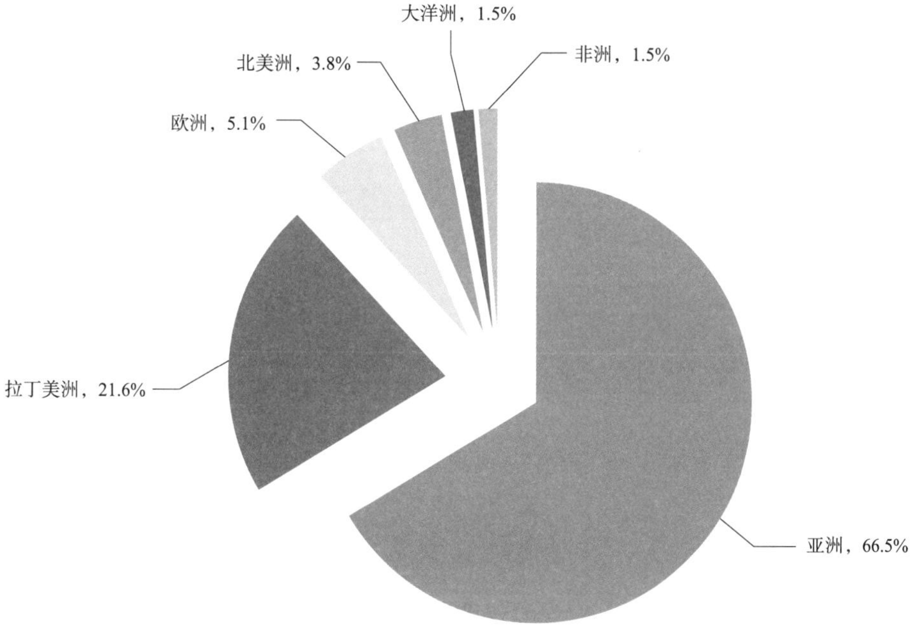

图 3　2022 年中国对外直接投资存量地区分布情况

中国对外直接投资存量的近九成分布在发展中经济体。2022 年末，中国在发展中经济体的投资存量为 24 565 亿美元，占 89. 2%，其中中国香港 15 886. 7 亿美元，占发展中经济体投资存量的 64. 7%；东盟 1 546. 6 亿美元，占 6. 3%。

2022 年末，中国在发达经济体的直接投资存量为 2 983. 1 亿美元，占 10. 8%。其中欧盟 1 011. 9 亿美元，占在发达经济体投资存量的 33. 9%；美国 791. 7 亿美元，占 26. 5%；澳大利亚 357. 9 亿美元，占 12%；英国 193. 5 亿美元，占 6. 5%；加拿大 133. 1 亿美元，占 4. 5%；百慕大群岛 110. 1 亿美元，占 3. 7%；俄罗斯联邦 99 亿美元，占 3. 3%；瑞士 82. 7 亿美元，占 2. 8%；韩国 66. 7 亿美元，占 2. 3%；日本 50. 8 亿美元，占 1. 7%；以色列 33. 9 亿美元，占 1. 1%；新西兰 26. 9 亿美元，占 0. 9%。

2022 年末，中国对外直接投资存量前二十位的国家（地区）合计达到 25 790. 9 亿美元，占中国对外直接投资存量的 93. 6%。分别是：中国香港、英属维尔京群岛、开曼群岛、美国、新加坡、澳大利亚、荷兰、印度尼西亚、卢森堡、英国、瑞典、德国、加拿大、中国澳门、马来西亚、阿拉伯联合酋长国、越南、百慕大群岛、泰国、俄罗斯联邦。

表 5　　2022 年末中国对外直接投资存量前二十位的国家（地区）

序号	国家（地区）	存量/亿美元	比重/%
1	中国香港	15 886. 7	57. 7
2	英属维尔京群岛	3 672. 8	13. 3

续表

序号	国家（地区）	存量/亿美元	比重/%
3	开曼群岛	2 115. 1	7. 7
4	美国	791. 7	2. 9
5	新加坡	734. 5	2. 7
6	澳大利亚	357. 9	1. 3
7	荷兰	283. 0	1. 0
8	印度尼西亚	247. 2	0. 9
9	卢森堡	205. 5	0. 7
10	英国	193. 5	0. 7
11	瑞典	186. 7	0. 7
12	德国	185. 5	0. 7
13	加拿大	133. 1	0. 5
14	中国澳门	126. 9	0. 5
15	马来西亚	120. 5	0. 4
16	阿拉伯联合酋长国	118. 8	0. 4
17	越南	116. 6	0. 4
18	百慕大群岛	110. 1	0. 4
19	泰国	105. 7	0. 4
20	俄罗斯联邦	99. 0	0. 3
	合 计	25 790. 9	93. 6

3. 行业分布

（1）按国民经济行业分。

2022 年末，中国对外直接投资覆盖了国民经济所有行业类别，存量规模上千亿美元的行业有 6 个。

租赁和商务服务业以 10 737. 4 亿美元高居榜首，占中国对外直接投资存量的 39%。包括以投资控股为主的对外投资活动，主要分布在中国香港、英属维尔京群岛、开曼群岛、新加坡、澳大利亚、美国、英国、卢森堡等国家（地区）。

批发和零售业 3 615. 9 亿美元，位列第二，占 13. 1%。

金融业 3 039 亿美元，占 11%。

制造业 2 680 亿美元，占 9. 7%，主要分布在汽车制造、计算机/通信及其他电子设备制造、专用设备制造、其他制造、医药制造、非金属矿物制品等领域。其中汽车制造业存量 631.8 亿美元，占制造业投资存量的 23.6%。

采矿业 2 101.3 亿美元，占 7.6%，主要分布在石油和天然气开采、有色金属矿采选、黑色金属矿采选、煤炭开采和洗选等领域。

信息传输/软件和信息技术服务业 1 384.9 亿美元，占 5%，是中国自然人对外投资较为集中的领域。

以上六个行业存量合计 23 558.6 亿美元，占中国对外直接投资存量的 85.5%。

（2）按三次产业分。

2022 年末，中国对外直接投资存量的近八成集中在第三产业（即服务业），金额为 21 636.9 亿美元，主要分布在租赁和商务服务、批发和零售、金融、信息传输/软件和信息技术服务、交通运输/仓储和邮政、房地产等领域。第二产业 5 793.5 亿美元，占中国对外直接投资存量的 21%，其中制造业（不含金属制品/机械和设备修理业）2 678.2 亿美元，占第二产业的 46.2%；采矿业（不含开采辅助活动）2 055.2 亿美元，占 35.5%；电力/热力/燃气及水的生产和供应业 548 亿美元，占 9.5%；建筑业 512 亿美元，占 8.8%。第一产业（农/林/牧/渔业，但不含农/林/牧/渔服务业）117.7 亿美元，占中国对外直接投资存量的 0.4%。

三、中国对世界主要经济体的直接投资

表 6　　2022 年中国对主要经济体投资情况表

经济体名称	流量			存量	
	金额/亿美元	比上年/%	比重/%	金额/亿美元	比重%
中国香港	975.3	-3.6	59.8	15 886.7	57.6
东盟	186.5	-5.5	11.4	1 546.6	5.6
欧盟	69.0	-12.2	4.2	1 011.9	3.7
美国	72.9	30.6	4.5	791.7	2.9
澳大利亚	27.9	44.9	1.7	357.9	1.3
合计	1 331.6	-2.3	81.6	19 594.8	71.1

（一）中国内地对中国香港的投资

2022 年，中国内地对中国香港的投资流量 975.3 亿美元，比上年下降 3.6%，占当年中国对外直接投资总额的 59.8%，占对亚洲投资流量近八成。

2022 年末，中国内地共在中国香港设立直接投资企业超 1.5 万家，年末投资存量为 15 886.7 亿美元，占中国内地对境外直接投资存量的一半以上，占对亚洲投资存量的 86.7%。

表 7　　2022 年中国内地对中国香港直接投资的主要行业

行业	流量/万美元	比重/%	存量/万美元	比重/%
租赁和商务服务业	3 548 371	36.4	75 326 479	47.4
批发和零售业	1 357 727	13.9	24 190 982	15.2
金融业	733.581	7.5	18 057 329	11.4
采矿业	1 194 710	12.3	9 950 160	6.3
制造业	784 395	8.0	7 371 410	4.6
房地产业	191 588	2.0	6 781 784	4.3
交通运输/仓储和邮政业	1 218 258	12.5	6 129 076	3.9
信息传输/软件和信息技术服务业	163 157	1.7	4 004 846	2.5
电力/热力/燃气及水的生产和供应业	129 461	1.3	2 473 748	1.6
科学研究和技术服务业	130 893	1.3	1 093 499	0.7
建筑业	127 841	1.3	1 021 243	0.6
居民服务/修理和其他服务业	9 626	0.1	853 617	0.5
文化/体育和娱乐业	151 616	1.6	821 747	0.5
农/林/牧/渔业	-9 970	-0.1	288 839	0.2
水利/环境和公共设施管理业	8 477	0.1	204 538	0.1
其他行业	13 692	0.1	298 088	0.2
合计	9 753 423	100.0	158 867 384	100.0

（二）中国对东盟的投资

2022 年，中国对东盟的直接投资流量为 186.5 亿美元，比上年下降 5.5%，占当年流量总额的 11.4%，占对亚洲投资流量的 15%；年末存量为 1 546.6 亿美元，占存量总额的 5.6%，对亚洲投资存量的 8.4%。2022 年末，中国共在东盟设立直接投资企业超过 6 500 家，雇用外方员工超 66 万人。

表 8　　2022 年中国对东盟直接投资的主要行业

行业	流量/万美元	比重/%	存量/万美元	比重/%
制造业	821 472	44.0	4 928 369	31.9
批发和零售业	419 984	22.5	2 476 767	16.0
租赁和商务服务业	60 100	3.2	2 248 521	14.5
电力/热力/燃气及水的生产和供应业	157 812	8.5	1 448 266	9.4

续表

行业	流量/万美元	比重/%	存量/万美元	比重/%
建筑业	15 859	0.9	950 899	6.1
金融业	93 586	5.0	808 088	5.2
交通运输/仓储和邮政业	14 949	0.8	600 297	3.9
采矿业	181 455	9.7	573 314	3.7
农/林/牧/渔业	7 657	0.4	528 177	3.4
信息传输/软件和信息技术服务业	41 268	2.2	341 151	2.2
房地产业	7 866	0.4	154 595	1.0
居民服务/修理和其他服务业	19 927	1.1	141 906	0.9
科学研究和技术服务业	-12 843	-0.7	131 525	0.9
水利/环境和公共设施管理业	6 832	0.4	41 657	0.3
教育	21 617	1.2	38 140	0.2
其他行业	7 340	0.4	54 591	0.4
合计	1 864 881	100.0	15 466 263	100.0

（三）中国对欧盟的投资

2022 年，中国对欧盟的投资流量 69 亿美元，比上年下降 12.2%，占流量总额的 4.2%。2022 年末，中国共在欧盟设立直接投资企业超 2 800 家，覆盖欧盟的全部 27 个成员国，雇用外方员工超 27 万人。

2022 年末，中国对欧盟直接投资存量为 1 011.9 亿美元，占中国对外直接投资存量的 3.7%。存量上百亿美元的国家为荷兰、卢森堡、瑞典、德国。其中，对荷兰直接投资存量居首位，达 283 亿美元，占对欧盟投资存量的 28%，主要投向采矿业、制造业、信息传输/软件和信息技术服务业、批发和零售业等；其次为卢森堡 205.5 亿美元，占 20.3%，主要投向金融业、制造业、租赁和商务服务业等；瑞典位列第三，186.7 亿美元，占 18.5%，主要投向制造业、房地产业、住宿和餐饮业等。

表 9　　2022 年中国对欧盟直接投资的主要行业

行业	流量/万美元	比重/%	存量/万美元	比重/%
制造业	386 441	56.0	3 434 488	34.0
采矿业	-30 696	-4.4	1 813 436	17.9
金融业	197 486	28.6	1 381 889	13.7

续表

行业	流量/万美元	比重/%	存量/万美元	比重/%
租赁和商务服务业	18 037	2.6	881 130	8.7
房地产业	-1	0.0	632 468	6.3
批发和零售业	64 657	9.4	479 575	4.7
信息传输/软件和信息技术服务业	-137 408	-19.9	459 359	4.5
电力/热力/燃气及水的生产和供应业	56 115	8.1	317 927	3.1
科学研究和技术服务业	63 431	9.2	238 119	2.4
交通运输/仓储和邮政业	22 414	3.2	148 462	1.5
居民服务/修理和其他服务业	39 794	5.8	141 630	1.4
住宿和餐饮业	-2 876	-0.4	75 588	0.7
农/林/牧/渔业	4 995	0.7	62 545	0.6
建筑业	6 183	0.9	21 990	0.2
文化/体育和娱乐业	101	0.0	16 311	0.2
其他行业	1 384	0.2	14 334	0.1
合计	690 058	100.0	10 119 250	100.0

（四）中国对美国的投资

2022年，中国对美国直接投资流量72.9亿美元，较上年增长30.6%，占当年中国对外直接投资流量的4.5%；存量为791.7亿美元，占中国对外直接投资存量的2.9%，占对北美洲投资存量的76.5%。2022年末，中国共在美国设立境外企业近5 300家，雇用外方员工超过7.6万人。

表10　2022年中国对美国直接投资的主要行业

行业	流量/万美元	比重/%	存量/万美元	比重/%
制造业	154 055	21.1	2 478 217	31.3
金融业	329 061	45.1	1 681 535	21.3
批发和零售业	58 770	8.1	702 577	8.9
租赁和商务服务业	12 172	1.7	700 263	8.8
采矿业	35 841	4.9	636 872	8.0
科学研究和技术服务业	64 770	8.9	398 144	5.0
房地产业	5 432	0.7	334 477	4.2
信息传输/软件和信息技术服务业	31 312	4.3	283 151	3.6

续表

行业	流量/万美元	比重/%	存量/万美元	比重/%
建筑业	13 220	1.8	170 062	2.2
文化/体育和娱乐业	1 194	0.2	159 700	2.0
交通运输/仓储和邮政业	27 019	3.7	100 602	1.3
电力/热力/燃气及水的生产和供应业	1 223	0.2	65 270	0.8
农/林/牧/渔业	5 227	0.7	52 249	0.7
住宿和餐饮业	-16 580	-2.3	46 921	0.6
教育	456	0.1	43 299	0.5
其他行业	6 036	0.8	63 853	0.8
合计	729 208	100.0	7 917 190	100.0

（五）中国对澳大利亚的投资

2022 年，中国对澳大利亚的投资流量 27.9 亿美元，比上年增长 44.9%，占流量总额的 1.7%，占对大洋洲投资流量的超九成。从行业分布情况看，投资主要流向：租赁和商务服务业 19.1 亿美元，占 68.7%；采矿业 5.9 亿美元，占 21.2%；金融业 4.5 亿美元，占 16.2%；卫生和社会工作 2 亿美元，占 7.1%；交通运输/仓储和邮政业 0.9 亿美元，占 3.2%。

2022 年末，中国对澳大利亚的投资存量为 357.9 亿美元，占中国对外直接投资存量的 1.3%，占对大洋洲投资存量的 86.6%；共在澳大利亚设立近 900 家境外企业，雇用外方员工超 2.5 万人。

表 11　2022 年中国对澳大利亚直接投资的主要行业

行业	流量/万美元	比重/%	存量/万美元	比重/%
采矿业	59 053	21.2	1 615 249	45.1
租赁和商务服务业	191 300	68.7	703 583	19.7
金融业	45 164	16.2	347 375	9.7
房地产业	-1 764	-0.6	259 525	7.2
制造业	-52 941	-19.0	216 372	6.0
农/林/牧/渔业	1 919	0.7	103 770	2.9
电力/热力/燃气及水的生产和供应业	3 480	1.2	81 862	2.3
批发和零售业	-2 323	-0.8	81 767	2.3
建筑业	2 79	0.9	48 787	1.4

续表

行业	流量/万美元	比重/%	存量/万美元	比重/%
交通运输/仓储和邮政业	8 960	3. 2	47 95	1. 3
科学研究和技术服务业	549	0. 2	22 61	0. 6
卫生和社会工作	19 792	7. 1	20 202	0. 6
住宿和餐饮业	930	0. 3	10 859	0. 3
居民服务/修理和其他服务业	14	0. 0	10 214	0. 3
其他行业	2 076	0. 7	9 608	0. 3
合计	278 588	100. 0	3 578 829	100. 0

四、中国对外直接投资者的构成

2022 年末，中国对外直接投资者（以下简称境内投资者）超 2. 9 万家，从其在中国市场监督管理部门登记注册情况看，私营企业占 33. 6%，是中国对外投资占比最大、最为活跃的群体；有限责任公司占 28. 7%，位列次席；股份有限公司占 13. 5%；外商投资企业占 5. 7%；国有企业占 5. 6%；港/澳/台商投资企业占 4. 1%；个体经营占 2. 2%；股份合作企业占 1%，集体企业占 0. 3%，联营企业占 0. 1%，其他占 5. 2%。

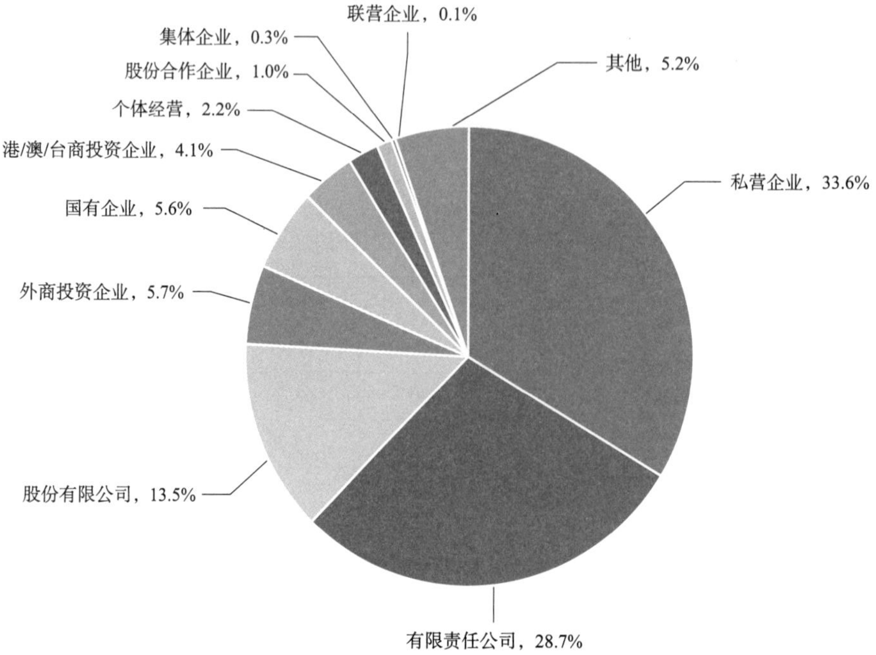

图 4　2022 年末境内投资者按登记注册类型构成

在境内投资者中，中央企业及单位 172 家，仅占 0.6%。各省市区的地方企业投资者占 99.4%：境内投资者数量前十位的省市区依次为：广东、上海、浙江、北京、江苏、山东、福建、天津、辽宁和四川，共占境内投资者总数的 81.7%。广东省境内投资者数量最多，近 7 000 家，占 23.6%；其次为上海市，超过 3 600 家，占 12.4%；浙江省位列第三，超 3 300 家，占 11.3%。

从境内投资者的行业分布看，制造业是对外投资最为活跃的主体，占境内投资者的三成以上，主要分布在计算机/通信和其他电子设备制造业、专用设备制造业、通用设备制造业、医药制造业、电气机械和器材制造业、化学原料和化学制品制造业、金属制品业、橡胶和塑料制品业、纺织业、纺织服装/服饰业以及汽车制造业等；批发和零售业紧随其后，占 22.3%。此外，租赁和商务服务业占 14.1%；信息传输/软件和信息技术服务业占 9.4%；科学研究和技术服务业占 4.8%；农/林/牧/渔业占 3.7%；建筑业占 3%。

表 12　　2022 年末中国境内投资者行业构成情况

行业	数量/家	比重/%
制造业	9 201	31.4
批发和零售业	6 525	22.3
租赁和商务服务业	4 113	14.1
信息传输/软件和信息技术服务业	2 751	9.4
科学研究和技术服务业	1 415	4.8
农/林/牧/渔业	1 081	3.7
建筑业	869	3.0
交通运输/仓储和邮政业	709	2.4
房地产业	560	1.9
采矿业	510	1.7
居民服务/修理和其他服务业	468	1.6
文化/体育和娱乐业	374	1.3
电力/热力/燃气及水的生产和供应业	206	0.7
住宿和餐饮业	204	0.7
其他	306	1.0
合计	29 292	100.0

五、中国对外直接投资企业的构成

（一）国家（地区）分布

2022 年末，中国境内投资者共在全球 190 个国家（地区）设立对外直接投资企业（简称境外企业）4.7 万家，较上年末增加近 1 000 家，遍布全球超过 80% 的国家（地区）。其中，亚洲的境外企业覆盖率为 95.7%，欧洲为 87.8%，非洲为 86.7%，北美洲为 75%，拉丁美洲为 67.3%，大洋洲为 58.3%。

表 13　　2022 年末中国境外企业各洲分布情况

洲别	2022 年末国家（地区）总数/个	境外企业覆盖的国家（地区）数量/个	覆盖率/%
亚洲	48	45	95.7
欧洲	49	43	87.8
非洲	60	52	86.7
北美洲	4	3	75.0
拉丁美洲	49	33	67.3
大洋洲	24	14	58.3
合计	234	190	81.5

注：1. 覆盖率为中国境外企业覆盖国家数量与国家（地区）总数的比率。
2. 亚洲国家（地区）数量包括中国，覆盖率计算基数未包括。

在亚洲设立的境外企业数量超 2.7 万家，占 59.2%，主要分布在中国香港、新加坡、日本、越南、印度尼西亚、马来西亚、韩国、泰国、柬埔寨、老挝、印度、缅甸、阿拉伯联合酋长国等。在中国香港设立的境外企业超 1.5 万家，占中国境外企业总数的超三成，是中国设立境外企业数量最多、投资最活跃的地区。

在北美洲设立的境外企业超 6 000 家，占 13%，主要分布在美国和加拿大。中国企业在美国设立的境外企业数量仅次于中国香港。

在欧洲设立的境外企业超 4 700 家，占 10.2%，主要分布在德国、俄罗斯联邦、英国、荷兰、法国、意大利、卢森堡、西班牙等。

在拉丁美洲设立的境外企业近 3 700 家，占 7.9%，主要分布在英属维尔京群岛、开曼群岛、巴西、墨西哥、秘鲁、智利、阿根廷、厄瓜多尔、玻利维亚等。

在非洲设立的境外企业超过 3 300 家，占 7.1%，主要分布在埃塞俄比亚、赞比亚、尼日利亚、肯尼亚、坦桑尼亚、南非、加纳、安哥拉、乌干达等。

在大洋洲设立的境外企业超 1 200 家，占 2.6%，主要分布在澳大利亚、新西兰、巴布亚新几内亚、萨摩亚、斐济等。

表 14　　2022 年末中国境外企业各洲构成情况

洲别	境外企业数量/家	比重/%
亚洲	27 548	59.2
北美洲	6 064	13.0
欧洲	4 736	10.2
拉丁美洲	3 673	7.9
非洲	3 323	7.1
大洋洲	1 219	2.6
合计	46 563	100.0

2022 年末，中国设立境外企业数量前二十位的国家（地区）依次为：中国香港、美国、新加坡、英属维尔京群岛、开曼群岛、德国、日本、越南、俄罗斯联邦、澳大利亚、印度尼西亚、马来西亚、韩国、泰国、加拿大、柬埔寨、老挝、英国、印度、缅甸，合计近 3.6 万家，占中国在境外设立企业总数的 76.8%。

（二）行业分布

从中国境外企业分布的主要行业情况看，批发和零售业、制造业、租赁和商务服务业依然是境外企业最为集中的行业，合计数量超过 2.7 万家，占境外企业总数 59.2%。

表 15　　2022 年末中国境外企业的行业分布情况

行业	境外企业数量/家	比重/%
批发和零售业	12 559	27.0
制造业	8 734	18.7
租赁和商务服务业	6 273	13.5
建筑业	3 860	8.3
信息传输/软件和信息技术服务业	3 451	7.4
科学研究和技术服务业	2 725	5.8
农/林/牧/渔业	1 762	3.8
交通运输/仓储和邮政业	1 467	3.1
采矿业	1 296	2.8

续表

行业	境外企业数量/家	比重/%
居民服务/修理和其他服务业	823	1.8
电力/热力/燃气及水的生产和供应业	788	1.7
金融业	801	1.7
房地产业	727	1.6
文化/体育和娱乐业	513	1.1
住宿和餐饮业	315	0.7
教育	212	0.5
水利/环境和公共设施管理业	148	0.3
卫生和社会工作	109	0.2
合计	46 563	100.0

第 2 部分

2023 中国企业“走出去”全球风险版图

2.1　2023 中国企业“走出去”全球风险概况

发布单位：2023 中国企业“走出去”风险发布会
发布时间：2023 年 6 月 9 日
发布地点：中国 · 北京
发布形式：全球网络发布

一、亚洲

综合风险

当前，亚太地区地缘政治剧烈动荡，各主要国家间的双边、多边关系和经贸合作前景复杂不定，部分区域安全局势动荡。

亚太地区同时也是全球经济复苏最快的区域，但在通胀压力超预期、外需下降、金融收紧、货币危机、资本外流、供应链扰动等多重危机压力下，地缘经济存在被割裂的风险，并将引发更多投资和贸易矛盾，经济前景充满高度的不确定性。

政治风险

亚洲国家在美国战略纠缠下政治分化严重：东北亚地区政治风险高企，美日韩军事协作日显同步，朝鲜半岛紧张局势升级，美菲强化军事合作搅动南海局势；东盟国家政局总体稳定，马来西亚面临局势不稳风险，泰国和印度尼西亚大选走向需重点关注；南亚各国的国内政局均不够稳定，特别是巴基斯坦将在经济状况严峻和社会动荡加剧的形势下迎来大选，政治风险高企，并有可能进一步推高国家主权债务风险；中亚地区集安组织成员国内部出现政治分化，南高加索地区有再起战火的可能，阿富汗塔利班政权重建经济与社会秩序的努力依然任重道远。

西亚中东地区政治变化跌宕起伏。中国—阿拉伯合作深化撬动了地缘政治板块，伊朗与以沙特为主的阿拉伯国家实现和解，叙利亚重回阿盟，也门问题有望得到解决，沙特、伊朗均期待在年内成为上海合作组织正式成员；以色列国内政局不稳，与周边关系恶化，土耳其大选走向值得高度关注；石油美元结算地位下降，美国在中东影响力渐弱。

经济风险

亚洲总体经济形势面临较大的不确定性，国别间经济复苏极不均衡：东亚及东南亚地区受益于 RCEP 稳步推进的贸易自由化和区域经济一体化，经济表现将在全球较为强劲，但受美欧需求萎缩影响，越南、印度尼西亚、马来西亚等高度依赖国际贸易的国家将出现出口增长乏力，受被动加息举措和资本外流影响宏观经济风险上升；韩日等发达经济体前景依旧疲软。南亚地区印度将继续呈现一枝独秀；斯里兰卡经历债务重组，风险暂时缓解；孟加拉国失业率骤升，国际收支风险增大；巴基斯坦深陷高通胀、能源短缺、货币贬值、融资困难、财政危机、天灾不断等困境，叠加大选因素，经济脆弱不堪，安全环境重度恶化。海湾地区产油国受益于经济转型得当和能源价格暴涨，结合与华经合关系深化，经济持续复苏，前景趋好。

营商风险

大多数亚洲发展中国家政体长期稳定，营商政策持续改善，运营风险大幅降低，但需防范外部因素的干扰。受地缘政治和大国博弈影响加剧，中企在印度、日本、韩国等国家的投资经营活动遭受贸易限制政策或区别性对待的问题或将更加严重。

安全风险

西亚和中东地区阿以武装冲突再起，相关国家安全风险高企；南亚部分国家社会不稳定因素较多，暴力冲突事件不断，阿富汗社会失序依旧严重；东南亚区域特别是柬埔寨、菲律宾等国长期存在高薪招聘欺诈、电信诈骗、人口贩卖、毒品犯罪等风险，要高度警惕。

自然气候风险

亚欧大陆地震活跃，土耳其、叙利亚发生大地震，日本、印度尼西亚及中亚地区均可能遭受地震或火山风险；南亚及东南亚地区受“拉尼娜”现象影响，今夏遭受高温、重大干旱与洪水交织威胁依旧较大，农作物产量和供应链都将受到影响。

卫生风险

世卫组织宣布新冠疫情不再构成“国际关注的突发公共卫生事件”，但新冠病毒仍未消失，影响仍不能忽视。南亚和东南亚基础卫生条件不佳的国家仍需重点防范登革热、霍乱等区域性流行疫情风险；东亚地区要警惕暴发禽流感风险；日本计划年内开始排放福岛核污水，周边国家环境污染和卫生风险值得高度警惕。

二、非洲

综合风险

非洲地区的地缘政治受大国战略博弈、域内重要国家进入选举年等因素影响，整体仍显紧张动荡。绝大多数国家仍面临着通胀超预期、金融成本上升、国家民生资源短缺、民众生活水平下降和公共治理效率低下等问题，社会稳定性差，恐怖活动和武装冲突在部分地区持续肆虐。非洲经济总体展现较强韧性，撒哈拉南部非洲的安全风险依旧高企。

政治风险

域外大国对非洲影响力的竞争加剧，非洲国家政局稳定性遭到拉扯。年内有大选活动的国家发生大规模抗议示威和罢工、引发社会局势动荡的风险较高。阿尔及利亚、埃及、利比亚等国均将进行选举，埃塞俄比亚内战出现和平曙光，但即将到来的大选和外国介入增加了不确定性；尼日利亚大选结束，但安全问题仍然严峻，分裂组织和武装分子不断搅动其东部地区安全环境；刚果（金）因国内局势持续动荡，年内能否如期举行大选存疑；苏丹发生严重武装冲突致使本国政治风险急剧上升；几内亚比绍、冈比亚先后发生未遂政变，几内亚、乍得仍处于政治过渡期；布基纳法索、马里、中非等国恐怖活动猖獗，“伊斯兰国”和基地组织分支关联的“圣战”分子、法国等欧洲国家军队及俄罗斯瓦格纳雇佣军集团涉足该地区，安全局势极为复杂。

经济风险

非洲经济整体复苏幅度可望高于世界平均水平，主要石油出口国如利比亚、尼日利亚、安哥拉等更有可能在大国资源争夺中受益，尼日利亚为此有望维持较高增长。矿企较为集中的博茨瓦纳、纳米比亚、塞拉利昂、坦桑尼亚、几内亚、赞比亚和刚果（金）等国的投资机会也值得关注。肯尼亚、科特迪瓦和毛里求斯的经济环境相对优良，或将成为非洲增长最快的经济体。

受内外部经济环境挑战加剧、主要出口市场需求疲软、运营和投资成本上扬、供应链持续不稳等影响，部分国家经济危机加重，南非、加纳、突尼斯、埃及、刚果（布）、赞比亚、津巴布韦和莫桑比克等国外汇储备严重不足，偿债压力大，主权债务违约风险高企，进而引发社会动荡甚至内乱的风险较高。南非作为年内金砖峰会主办国，有望借此契机提振经济或获得特别帮助。

营商风险

非洲地区普遍存在的经贸政策不稳定、腐败横行、行政效率低下等状况很难短时间改善，部分国家民生资源短缺常态化导致社会贫困面扩大，政府改善营商环境的努力难达预期，整体营商风险依旧较高。

安全风险

非洲的萨赫勒地区仍将是不安全热点地区的焦点，恐怖袭击势头有增无减；尼日利亚和刚果（金）深受内部分裂主义活动影响，国内治安环境持续混乱，针对性绑架事件频发，外海海盗横行；喀麦隆受社会经济状况恶化影响，国内动乱加剧；苏丹突发大规模武装冲突；莫桑比克政局不稳，局部地区骚乱或有较大风险；北非国家主权债务和货币危机愈演愈烈，加之多国进入大选年，社会安全风险上升；南非、津巴布韦的社会综合风险居高不下。非洲各国同样面临着巨大的网络犯罪威胁，既有普通诈骗，也有对关键基础设施的复杂攻击，需提高警惕。

自然气候风险

非洲地区恶劣气候、水资源紧张和粮食短缺问题仍将延续，可能引发埃塞俄比亚、索马里和南苏丹地区饥荒，造成人道主义灾难。由于非洲在气候变化适应、抗灾能力建设和国际社会资金补偿方面均有严重缺口，未来任何气象灾害及其相关损失都将非常巨大。

卫生风险

非洲大部分国家原本不完善的卫生体系受新冠疫情冲击、经济发展低水平以及基础设施不完善拖累更显脆弱，疟疾威胁挥之不去，霍乱、黄热病等传染病在一些国家重新暴发，埃博拉、马尔堡等恶性病毒在小范围继续肆虐，新冠变异毒株卷土重来。非洲地区的卫生风险总体仍维持较高水平。

三、欧洲

综合风险

乌克兰危机引发的能源危机重创欧洲经济，加剧高通胀和民生困境，激化国内矛盾，叠加美元大幅升息导致的银行业危机，欧洲金融风险持续积聚，经济前景黯淡，社会更加动荡。预计乌克兰危机仍将持续影响该地区的地缘政治、安全和商业环境，整个欧洲将面临巨大的不确定性和多重危机考验。

政治风险

随着芬兰加入，北约实现实质性扩张，加之美英援乌武器升级，南高加索地区政治动荡加剧，俄安全环境更加恶化，乌克兰危机有进一步激化并滑向失控的危险，其外溢效应还将持续并扩大。与此同时，欧盟内部对俄态度隐现分裂，与美国在对俄立场上分歧加深，对华关系有务实性回暖的趋向。

欧洲右翼政党兴起并组建联合政府或将成为显著政治现象，全欧范围日趋保守和民粹化。继意大利、瑞典右翼上台外，芬兰政权也更迭为右翼组阁。英国政治动荡随国王与首相更迭或将有所减弱，但政治影响力将进一步下降。

经济风险

受地缘政治形势紧张、能源价格上涨、大宗商品价格剧烈波动以及货币政策持续紧缩等因素影响，欧元区核心通胀的粘滞性加剧，经济衰退几成必然，但深度衰退风险降低。欧洲当前金融机构承压能力脆弱，不排除发生更为严重的金融震荡的可能；意大利、希腊等国主权债务偿还能力令人担忧。

欧元区经济在消化对俄能源禁运与经济制裁的反噬负面影响方面展现出较强韧性，但高能源成本和需求萎缩或迫使欧洲工业特别是严重依赖能源的重工业出现闲置或转移，促使供应链体系重构进程加速，能源转型与可再生能源项目建设投入上升。此外，随着全球货运成本渐次下降，东亚进口替代品将重拾吸引力。中欧贸易预期不完全悲观，在有限领域的合作前景仍可谨慎期待。

营商风险

欧盟将继续推进和完善多项监管立法，碳关税（CBAM）计划将在 2023 年 10 月生效并于 2026 年 1 月正式开征，数字产业将受到监管立法的影响，更严格的环境、社会和治理（ESG）监管法规也将被提上议程，上述都将对外国投资者带来合规压力。此外，欧盟对外经贸合作投资审查力度更加严苛，反垄断监管和国家安全审查可能会在跨国并购特别是涉科技领域的敏感数据、敏感技术交易过程中发挥更重大的作用，英、德、意等国开始针对本国公司对外投资交易进行反向安全审查。由于欧洲国家对华经贸政策泛安全化倾向显著，对中资企业而言，欧洲总体营商环境风险持续高企。

安全风险

乌克兰危机的外溢效应持续，叠加高通胀、能源成本上升和薪资停滞，引发大部分欧洲国家生活成本升高，民众对政府不满和厌战情绪上升，支持右翼民粹基础更厚。

英、法、德等西欧主要国家纷纷爆发大规模罢工和抗议活动，环保主义者的行动也可能抬头，导致部分国家社会秩序发生混乱，治安形势不容乐观，在欧企业还需关注运营中断风险。

自然气候风险

欧洲变暖程度在过去 30 年里高居各大陆之首，刚刚经历了有记录以来的第二暖冬。极端天气、异常高温、山火、洪水等灾害仍将频发，对该地区社会、经济和生态系统持续产生深远影响。

卫生风险

欧洲地区总体卫生风险下降。尽管世卫组织宣布新冠疫情不再构成“国际关注的突发公共卫生事件”，但疫情仍呈现小幅度反复态势，不能掉以轻心。

四、美洲

综合风险

美国国内政治极化与社会乱象严重，枪支泛滥造成的社会安全风险积重难返；通胀超预期、高负债、高利率问题进一步推高金融风险，经济衰退几率增大，北美地区综合风险较之去年更高。

拉美国家整体政经独立自主意愿增强，同时因高通胀、货币贬值及供应链不畅影响，大都面临经济滞胀、复苏乏力、民生困境等挑战，政治稳定性、商业环境和商贸政策更易受到大国博弈的裹挟，部分国家有爆发大规模社会冲突的可能性。

政治风险

极化政治是美国当前最大的系统性风险，对现有世界秩序和国际机制起到瓦解作用。受国内政党恶斗、选战压力、维护霸权等因素影响，美对华包括经济脱钩、科技围堵、滥用制裁、金融遏制、拨弄台海等在内的“综合威慑”打压措施仍将持续，但出于经济金融危机解困的需要，不排除未来出现某些边际利益缓和的可能。加拿大政治风险较之前有所升高。

拉美地区在政治上再度集体左转，但整体“向中国看”的趋势鲜明；哥伦比亚、厄瓜多尔改革受阻，巴西强力发起对极右翼组织的调查，墨西哥强推选举改革法案，阿根廷年内迎来大选。上述国家均有可能发生政局不稳或大规模游行及社会动荡，政治风险不容忽视。

经济风险

美国通胀持续超预期，因加息引发的银行业危机持续发酵，银行信贷紧缩严重，金融环境脆弱性彰显，或将引发更为严重的金融震荡，对全球金融市场和经济造成冲击。在高通胀、高利率、高负债催化下，美、加等国经济下行趋势明显，即便美联储年内停止加息，美国经济出现“硬着陆”重大风险的可能性也不能排除。

受全球金融失序影响，拉美国家面临着财政恶化、资本外流、货币贬值冲击，经济增长疲弱，债务负担沉重，部分国家市场融资能力枯竭，发生金融危机可能性较高。巴西、智利、哥伦比亚等国面临经贸政策与税务政策调整，可能导致政策波动和社会动荡；秘鲁、阿根廷、厄瓜多尔等国的债务违约风险较高；墨西哥、哥斯达黎加有望在世界经济分化和美推行“近岸外包”供应链重构进程中受益，投资吸引力提升，但受本国基础设施、技术准备以及合规能力拖累，对经济的提振不会显著。

营商风险

美国通过若干法案强化“美国优先”贸易保护政策，对华经贸打压程度与脱钩组合动作力度之大前所未有，中企在当地合规经营困难重重，国内或有越来越多的相关企业面临遭受“长臂管辖”制裁的风险。中企在美、加等国的营商风险处于历史最高。

拉美国家基础设施薄弱、社会治安较差、行政效率低下的问题未见改善，但投资吸引力与前景略有上升。

安全风险

北美地区社会治安总体环境呈现略微恶化态势。在舆论推动和政治放大影响下，美国社会“排华”认知固化加速，有逐渐向立法落地演变的趋势，在美人员遭针对性仇恨的犯罪风险高企。

拉美地区厄瓜多尔、秘鲁、智利、玻利维亚、危地马拉等国存在发生局部或全国范围动乱的风险；墨西哥过境移民问题越发严重，全国暴力事件频发，安全风险依然很高。

自然气候风险

美洲地区特别是拉美地区因“拉尼娜”现象留滞而发生的旱灾或将持续，水资源短缺和分配不均问题越发凸显，影响巴西水力发电、巴拉圭河流航运；墨西哥、智利、阿根廷同样受困于水资源短缺，农业恢复发展乏力，国内政治和社会稳定都将受到拖累；智利地震频发。

卫生风险

虽然世卫组织宣布新冠疫情不再构成“国际关注的突发公共卫生事件”，但新冠病毒仍未消失，影响仍不能忽视。耳念珠真菌在美流行，对免疫系统较弱的老年人杀伤力较大。拉美地区公共卫生形势略微好转，但仍需做好个人卫生防护。海地要警惕霍乱流行，阿根廷暴发登革热疫情。

五、大洋洲

综合风险

大国地缘政治博弈在本地区的影响有所扩大。澳大利亚工党政府对华政策趋于理性，但未有根本调整，中澳政治经济关系在年内改善有限，经贸恢复可能加速。太平洋岛国在气候变化、自然灾害和公共卫生等领域处境依旧艰难。

建议高度关注澳新对华经贸政策改善情况，投资太平洋岛国的中资企业要加强应对气候、地质等自然灾害的风险保障水平。

政治风险

美英澳“三边安全伙伴关系”（AUKUS）进一步加强，核动力潜艇合作实质推进。澳将参加美主导的多国南海联合巡航，恐对亚太区域战略稳定制造更多风险，对华政治施压有从直接向间接转化趋势。新西兰总理换人，对华政策未产生重大变动。美澳加强对太平洋岛国施加影响，域内国家的政局稳定性受大国博弈影响承压，斐济对华态度转变值得高度关注。

经济风险

澳大利亚和新西兰经济稳定恢复，虽均面临高通胀、高利率的负面影响，但金融风险相对可控。太平洋岛国受全球经济颓势影响巨大，可能连带影响政治稳定和社会安定。

营商风险

受全球安全局势和国内政治气氛影响，澳大利亚对华营商环境并未实质改善，并加强了中企赴澳投资经营审查，对中国商品采取反倾销措施，中企对澳投资与经贸活动仍需高度警惕。新西兰营商环境总体维持不变，赴新劳务人员要高度警惕劳务诈骗问题。

安全风险

澳大利亚的社会安全环境总体平稳可控，但因争取涨薪的罢工与抗议活动四起，针对华人的歧视性言论和攻击行为仍时有发生；新西兰特别是北岛地区的治安环境有所恶化；部分太平洋岛国受政治不确定性影响，未来发生骚乱、暴乱的风险不能排除。

自然气候风险

近年来，环太平洋地震带持续活跃，南太地区地震频发，巴布亚新几内亚已先后两年发生 7 级以上地震。有迹象表明持续三年的"拉尼娜"现象会转变成"厄尔尼诺"现象，致太平洋水温持续上升，澳大利亚或可能出现更强的高温、干旱和火灾，太平洋岛国地区也可能面临更多的灾变气候。

卫生风险

虽然世卫组织宣布新冠疫情不再构成"国际关注的突发公共卫生事件"，但澳大利亚正经历新冠最新变种、流感季和呼吸道合胞病毒三重威胁，近期每月仍因新冠病毒致几百人死亡。建议赴澳人员仍应采取个人防护措施以应对疫情风险。

扫码观看 亚洲发布

扫码观看 非洲发布

扫码观看 欧洲发布

扫码观看 美洲发布

扫码观看 大洋洲发布

2.2　2023 中国企业“走出去”全球供应链风险

贸易保护主义和新冠疫情对全球供应链产生了广泛而复杂的影响。在“效率—安全再平衡”的产业链配置的趋势下，关键产业回流与断链、补链、强链并行，供应链“区域化、本土化、多元化”政策与行动调整仍在持续。中国企业“走出去”参与国际合作时，在供应链安全方面将面临产业政策调整、国际贸易政策变化、新冠疫情次生风险以及企业环境、社会和公司治理（ESG）准则强化等多重因素影响。

一、政策调整影响关键矿产、原材料与装备的供应安全

“美国优先”及供应链“可追溯”等歧视性政策，极大加剧了中国“走出去”企业面临的供应链中断风险；欧盟加速调整产业链、供应链政策的同时，强化实施国家安全审查、数字产品护照、ESG 合规等规则措施，中国企业供应链受到的挑战进一步加大。受此影响的相关产业主要包括半导体、ICT 产业、装备制造、新能源、电池产业、生物制药；美国、法国、德国，日本、韩国等国家风险亦有所增加。

受经济实体化浪潮与能源危机双重影响，欧洲多国产业政策被迫在“再工业化”与“去工业化”之间艰难调整，部分高能耗企业被迫迁出，由此导致部分原材料与装备供应发生区域性调整。其中，德国、西班牙、意大利、英国等国供应链风险较为突出。

清洁能源技术所需关键矿产和材料供应会遭遇美国能源与关键矿产国际联盟、矿产安全伙伴关系等排他性机制的制约，以及政治影响与舆论话语权等干涉措施的影响，美国、澳大利亚、巴西、刚果（金）、阿根廷、纳米比亚、菲律宾、赞比亚、苏丹等国家供应链安全风险高企。

二、全球物流受多因素阻断的风险增加

政治冲突、政治动荡及罢工潮加大货运通道安全风险。在乌克兰危机持续及经济下行趋势下，全球主要航运通道与全球供应链更加脆弱，俄罗斯、乌克兰、波兰、土耳其、伊朗等国家风险突出。罢工潮频发加剧物流中断风险，例如多地食品、零售、能源等受罢工影响物流阻断或供应链中断，区域性生产、制造与货运均会受此影响。风险较高的国家主要有美国、加拿大、法国、西班牙、英国、德国、挪威等。新加坡海峡、秘鲁卡亚俄锚地水域的海盗风险值得关注。

干旱、洪水或强风暴等极端天气事件导致航运中断的风险也不容忽视，主要涉及的国家包括埃及、也门、厄立特里亚等。

三、新冠疫情次生风险加大供应链成本波动风险

新冠疫情严重冲击、次生风险持续影响，严重损害了供应链效率与稳定性。部分国家和地区劳动力市场复苏乏力，通胀盛行、营商环境恶化、疫情影响恢复等因素对供应链效率与稳定性的负面影响进一步增加，供应链成本波动明显。东南亚等地区劳动力密集型的中资企业所受影响尤为突出。

风险较高的国家包括越南、印度尼西亚、尼日利亚、苏丹、刚果（金）、利比亚、马里、印度、津巴布韦、几内亚、布基纳法索、乍得、埃塞俄比亚、孟加拉国、厄瓜多尔。

扫码观看 演讲视频

2.3　2023中国公民“走出去”全球安全风险

随着世卫组织宣布新冠疫情不再构成“国际关注的突发公共卫生事件”，全球范围人员跨境流动加速恢复。受地缘政治深刻演变、乌克兰危机外溢效应、新冠病毒影响未消、气候灾变层出不穷、生活成本大幅升高、部分区域社会治安环境恶化等影响，中国公民“走出去”的安全风险继续呈现复杂性和复合性。

政治安全风险

受中美关系及西方对俄制裁等影响，美、英、加、澳、日、韩、印等国及中东欧地区更易受对华政治态度影响，赴上述区域旅行的中国公民需重视签证审核及入境检查趋紧的风险，还要特别警惕受到有针对性的歧视言行或仇恨犯罪的威胁；飞越俄空域赴美、欧的中国航班有被禁航的风险。

社会安全风险

北美地区社会安全总体呈现继续恶化态势，需要特别防范枪击暴力和仇恨犯罪等问题；欧洲大部分地区民众不满和厌战情绪严重，爆发大规模的罢工和抗议活动仍将持续，旅行中断或遭歧视性对待风险较高；拉美地区存在爆发大规模社会冲突风险，需特别防范与毒品犯罪有关的暴力事件，重点关注国家包括墨西哥、智利、秘鲁、巴西、阿根廷等；非洲地区的社会安全风险总体较高，萨赫勒地区恐怖活动猖獗，尼日利亚和刚果（金）的边境地区武装暴力风险持续高企，绑架事件频发，需重点关注肯尼亚、莫桑比克、埃及、南非、喀麦隆等地社会动荡和治安环境恶化，更需防范苏丹式的突发战乱；南亚特别是巴基斯坦暴力冲突事件不断，西亚中东战争风险较大，东南亚区域特别是柬埔寨、菲律宾等国要高度警惕务工欺诈、电信诈骗、人口贩卖等风险。此外，在社会治理不佳的国家出行，还需格外关注交通意外风险。

气候环境风险

地球气候灾变趋势明显，各地极端天气频发且可预测性差，出现更强、更持续的高温、干旱、暴雨和山火等灾害可能性更大，因气候原因导致的旅行延误或受阻将更加频繁，强地球磁暴还可能对电子、电气设备造成损害，需要特别关注环太平洋地震带周边国家的地震、火山风险。与此同时，全球气候行动无序还加剧了国家分裂和社会分化，环保主义者抗议行动增多客观上制造了更多的社会不安定。

信息安全风险

全球网络信息安全威胁持续增加，跨国网络入侵、盗窃活动猖獗。当前跨国诈骗团伙大多集中在东南亚部分国家，通过冒用国内警察机关、中国驻外代表机构、国际快递公司、当地执法机构等名义对遍布全球的受害者实施诈骗，需要严防和应对这种网络威胁。此外，还需格外警惕虚假信息风险。

公共卫生风险

新冠病毒威胁将长期存在，传统的区域流行疫情风险仍不容忽视。特别是在战乱、经济落后、气候环境恶劣的国家和地区，由于洁净饮食供应、有效医疗和卫生基础设施和资源不足，公共卫生风险将明显高于其他地区。

地区性高致病率的传染病主要包括：登革热、疟疾、霍乱、麻疹、黄热病等。这些传染病分布情况如下：

登革热：东南亚地区的菲律宾、泰国、越南、柬埔寨、缅甸、马来西亚、斯里兰卡、新加坡等国为高发，拉美地区的巴西、玻利维亚、洪都拉斯、墨西哥、阿根廷、秘鲁等国多发；

疟疾：安哥拉、马达加斯加、印度尼西亚、津巴布韦、刚果（金）；

霍乱：也门、埃塞俄比亚、莫桑比克、喀麦隆、肯尼亚、印度；

黄热病：埃塞俄比亚、尼日利亚、南苏丹；

此外，埃博拉、马尔堡等高致死率病毒主要在刚果（金）、塞拉利昂、利比里亚、几内亚、乌干达、加蓬、安哥拉等国短时间但多频次流行，有计划前往上述国家旅行的要高度重视。

扫码观看 演讲视频

第 3 部分

2023 中国企业“走出去”安全风险指引及防范化解倡议

3.1 2023 中国公民“走出去”安全风险指引

第一，提高出行的安全风险意识

要持续关注国际安全形势变化，重点关注目的地国家或地区的安全态势；杜绝侥幸心理，避免前往政局不稳、社会矛盾突出、自然灾害严重、疫病流行等高风险区域，避免参加风险程度高的旅游活动；认真了解领事保护与协助信息，重大行程应寻求专业安保服务。

第二，做好行前的针对性准备工作

要预留充足的签证申请时间，送签材料要真实完整；制定完善的出行方案，选好紧急联络人，掌握境外报警、求助、求援联络的方式方法，做好物资、药品、旅行文件的准备和备份；密切关注权威部门发布的境外安全提示和预警信息，及时掌握可能导致旅行延误或滞留的突发事件信息，适时采取应对措施。

第三，优选专业的风险保障服务机构

选择资信良好的出境旅行机构或平台安排境外出行服务；选择优质的涉外保险服务机构提供科学、合理的跨境出行保险安排与服务；选择有资质和能力服务中国公民的境外医疗和境外救援服务机构或平台，采购必要的保障产品，以应对境外安心出行所必须的救命、救治、救护、救助保障需求。

第四，提高个人的风险应对能力

重视参加行前安全培训，提高防卫技能；保持警觉意识，严防电信网络诈骗或虚拟绑架勒索，警惕歧视言行或仇恨犯罪，冷静应对突发事件；保持平稳心态和个人心理健康，注意饮食安全，主动防范传染病和地区病，及时治疗自身疾病。

第五，恪守法规谨言慎行

了解并遵守目的地国家或地区的法律法规，切勿携带违禁物品，特别要尊重当地文化传统、风俗习惯、宗教信仰，切勿从事与签证种类不符的活动；避免参与或围观任何群体性聚集活动，谨防与他人发生口角纠纷或冲突，如遇排外暴力行为时，宜采取合法手段理性维权。

扫码观看 演讲视频

3.2 关于中国企业开展高水平境外安全风险防范化解的倡议

当前国际局势动荡复杂，世界百年未有之大变局加速演进，逆全球化潮流泛起，地区冲突此起彼伏，部分国家安全形势恶化，“走出去”企业面临的安全威胁更加多重复杂。构筑防风险屏障，强化抗风险韧性，着力提升境外安全风险防范和化解水平，这既是安全形势所迫，也是推动共建“一带一路”高质量发展的时代要求。

第一，认清境外安全风险挑战的长期化和严峻性

树立境外安全风险防控工作的系统性观念，深化应对国际动荡变革长周期风险挑战的底线思维，落实统筹发展与安全的企业主体责任，重点加强对境外关键安全风险和境外舆情的全过程和常态化监测，做实风险评估，注重对苗头性、趋势性风险的及时研判、预警、处置。

第二，突出境外风险防控措施的体系化和适用性

立足国别情况、行业特点，坚持实用、适用的策略，建立健全“事前预防、事中防控、事后处理”境外安全风险全流程管理体系和闭环运行机制的建设，创造条件落实“人防、物防、技防”三位一体部署。

第三，强化危机事件应急处置的实战化和协同性

着力补齐境外突发事件应急处置的短板，建立健全突发事件应急预案，打造敏捷的和有韧性的处置流程，加强与当地政府、中国使馆、社区或部族、利益相关方和第三方专业机构等外部资源的联动合作，扎实开展实战化的人员安全培训，定期开展应急预案演练和优化。

第四，注重境外安全风险保障的专业化和匹配性

明确境外人员和资产的保障目标，筹划自然灾害、意外事故、疾病医疗、救援救治、健康管理的境外安全保障资源，优选以人身意外保险、疾病医疗保险或服务、全球救援服务和健康管理等专业产品为主且成本适度的产品组合式保障方案，丰富事前预防、事中处置、事后补偿的境外安全风险专业化闭环服务，搭建好境外安全风险防范的立体屏障。

第五，促进境外经营活动的合规性和稳健化

顺应当前国际规制，遵守当地法律法规，提升 ESG 管理水平，积极履行社会责任，促进本地治理，信守合同，维护劳工权利，保障供应商权益，追求构建“互利共赢、共同发展”的商业合作模式和社区互助关系，妥善应对商贸审查与监管措施，维护运营稳定和可持续发展。

全力帮助中国“走出去”企业审慎应对变局、妥善化解危局、主动拥抱新局，是中国企业“走出去”风险发布会秉持的初心和愿景。我们愿意发挥汇聚境外安全风险识别与防控信息、专家资源、专业渠道的独特优势，推动与“一带一路”高质量建设相契合，与中国企业可持续的国际化发展相匹配的境外安全风险专业服务建设，助力“走出去”企业持续高水平地防范、化解境外安全风险。

扫码观看 演讲视频

第 4 部分

2023 中国企业“走出去”全球风险专家解读

4.1　警惕发达国家安全审查的泛化风险

摘要： 近年来国际投资安全审查主要呈现三个动向，即国家安全概念被泛化的范围更广，国际交易面临的不确定性更大以及中国企业在对外交往中面临的针对性更强。“走出去”企业首先要全面认知安全审查泛化风险的交易本质和影响因素，其次要充分理解安全审查泛化风险引发的交易成本增加和不确定性，最后要积极采取对策应对安全审查泛化风险。

各位领导、各位嘉宾，非常荣幸能有机会在这个平台上跟大家分享发达国家投资安全审查泛化的风险。因为我们在实务中不仅代表企业“走出去”，也代表中国政府在国际上谈判投资和经贸协定，所以我们对于投资安全审查比较关注。

投资安全审查最近这几年有以下几个动向，首先是国家安全的概念被泛化了。传统的国家安全大家都很清楚，是国防、军工、防扩散，包括与核、生物、化学、导弹等相关容易想象的传统的国家安全概念，但是现在大家很清楚国家安全的概念已经非常泛化了。

第二，形势“愈演愈烈”。采取相关手段的国家在增加，他们采取的法律工具、法律手段也在不断推出，我们会看到企业做相应交易所面临的不确定性越来越多了。

第三，对中国的针对性非常明显。

欧美发达国家的投资国家安全审查泛化愈演愈烈

- **泛化**
  从传统的国家安全到泛化的国家安全，涉及的行业越来越广
- **愈演愈烈**
  工具手段频出，参加国家增多，交易面临越来越多的不确定性
- **针对性明显**
  对中国和中国投资者的针对性，越来越明显

从 2018 年以来的五年间相关国家安全审查的法律工具，我们可以看出：第一，安全审查立法基本上每年都有；第二，相关的国家以美国为首，包括美国、欧盟、英国

等，现在美国正在推动全球 20 多个国家在做相应的安全审查立法，并且要共享情报。

美欧投资国家安全审查的立法动态

年份	美国外国投资委员会（CFIUS）	欧洲
2018年	《外国投资风险审查现代化法案》（FIRRMA）	
2020年	• 《关于外国人在美国进行特定投资的规定》 • 《关于外国人在美国进行有关不动产特定交易的规定》	欧盟《外资审查框架条例》
2021年		德国《对外贸易条例》第17修正案实施
2022年	• 拜登政府关于CFIUS的行政命令 • CFIUS执法和处罚指南	英国国家安全和投资法实施
2023年	• RESTRICT ACT（限制危及信息和通信技术安全威胁出现法案） • 反向CFIUS立法（国会《国家关键能力防御法》（NCCDA），白宫拟议行政命令 • 推动20个国家建立类似机制并共享情报	对外投资安审立法

透过美欧投资国家安全审查泛化的基本情况，我们可以看到以下趋势：

第一，针对性越来越明显。美国表示自己会特别关注某些国家，关注这些国家参加交易的人背后政府的法律环境、政府的意图、政府的能力是什么。欧洲说某些国家通过国有企业进行战略性收购，欧盟会特别关注这些收购者是否受政府的控制，是否有政府背景的资金支持，是否在执行政府的规划。

第二，行业范围越来越广。从传统的国防、军工到生物医药、信息技术行业，首先出台的是 Critical TID（关键技术、关键基础设施、敏感个人数据）管制，也就是对关键的技术、基础设施、个人数据等行业投资并购的管控，同时也可能涉及与关键地区相关的一些地产，比如临近军事基地的港口。其次是受疫情影响的相关行业，如有关供应链韧性、生物医药，还有最近以 TikTok 为代表的网络安全和媒体问题。

第三，手段越来越复杂。原来传统的安全审查关注的是收购、并购项目，现在为了防止企业通过一定的手段去规避安审，转而关注企业有没有可能通过绿地投资的方式来规避收购的安审，有没有通过二次审查的方式来规避，有没有通过小股权比例避开了安审的最低门槛，有没有通过基金的方式去收购，有没有通过协议的方式去控制非典型性的收购。这种审查手段越来越多。

另外，大家会注意到，从美国 EKSO（注：公司名）案开始，对外投资也要接受安审。也就是说，原来到美国投资有安全审查，现在美国企业出去投资或与中国企业建立合资企业也要落进安审的审查范围之内。

第四，不确定性越来越多。尽管企业会尽可能地符合相应法律法规程序的要求，但

美欧投资国家安全审查泛化的基本情况

● **针对性越来越明显**

- 美国：特别关注国家（COC），关注参与交易的外国人/外国政府的法律环境、意图、能力
- 欧盟：关注某些国家通过国企的战略收购，收购者是否受政府控制和有政府背景资金支持，是否在执行政府的规划

● **行业范围越来越广**

- TID（关键技术、基础设施、数据和个人隐私）、敏感地产
- 供应链韧性、生物医药、网络安全和媒体

是由于国内国际因素的影响，尤其是政治因素，致使不确定性越来越多，超出企业可控范围的因素越来越多。比如字节跳动（TikTok）案，再如我们的客户阜丰集团，在美国成立一家玉米加工厂，玉米加工和国家安全没有关系，但是它距离美国的空军基地比较近，在申报之后，一开始美国安全审查机构 CFIUS 说没问题，不涉及国家安全的关注，但是由于当地的一些政治影响，最后这个公司不得不放弃这个项目。现在超出企业可控的不确定性越来越多。

美欧投资国家安全审查泛化的基本情况

● **手段越来越复杂**

- 防止规避（降低申报的股权门槛、二次收购、非典型性收购）
- 反向安审（对外投资安审）- EKSO案

● **不确定性越来越多**

- 阜丰集团北达科塔州玉米加工厂案（翻滚过山车）
- 字节跳动（TIKTOK）收购 Musically 追溯案（极限施压）
- 中远收购德国汉堡港股权案（一波三折）

这是否意味着企业不能投资了呢？不是的。美国 2022 年 9 月份发布了最新的年报，统计了 2021 财年整个美国 CFIUS 的情况，深色代表中资企业背景并购申报的数量，浅

色代表非中资企业并购申报的数量。从中可以看出，从 2017 年到 2021 年，这个深色数字在不断地下降，但是到了 2021 年突然上升了，反映出中资收购并非没有了，而是维持在一般水平，甚至相比 2019 年、2020 年最低潮的时候还增长了。那么是不是中资企业都被拒绝呢？也不是的。在 2021 年 272 个申报的案件里面，142 个在 45 天之内，也就是在简易程序之内就通过了；93 个在调查之后通过；26 个附条件通过；只有 11 个被拒绝。在被拒绝的案件中，9 个是基于国家安全原因，2 个是企业自己放弃了。换句话说，中国一共报了 44 个项目，假设被拒绝的 11 个全是中国企业，也会有 33 个中国企业通过审查；假设 26 个附条件的全都是中国企业，那也有 7 个中国企业通过，并不是所有申报的中国企业都不行。

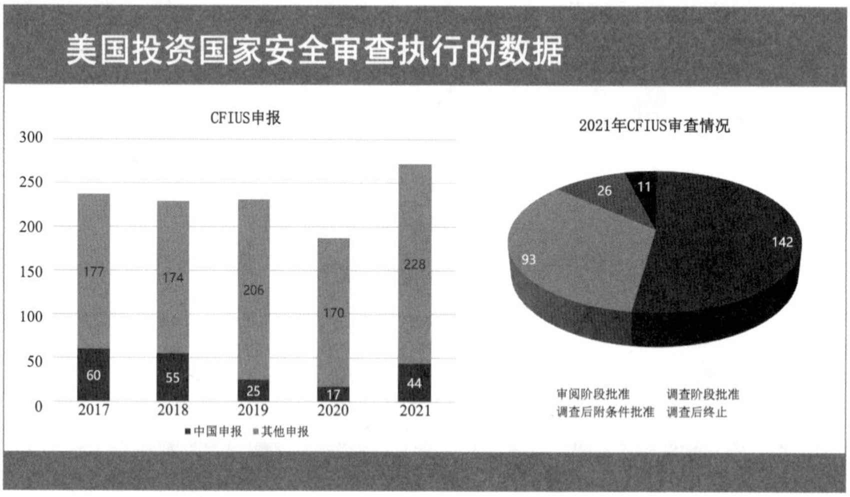

总的来说，对于企业而言：

第一，要认识到国家安全审查是交易中存在的一个问题，这个问题不仅仅包括来自中国的国别因素、相应的行业因素、相应的行为因素，同时也包含部分超出企业控制范围的国际、国内因素。企业要理解这些因素的性质是什么，这些因素不代表不可以做交易，而是会导致交易成本增加，比如时间延长，需要采取专门的行动来应对相应的安审。

第二，不确定性增加了。要解决这个问题，首先要降低不确定性。也就是说要了解相关国家的安审程序、安审要求、关注的范围、关注的行为，尽量要避开这些受关注的方面，并要做充分解释来减少对方的关注。其次，即使这样，仍然可能存在着企业不可控的不确定性。这种不确定性要通过合适的合同条款来分摊。

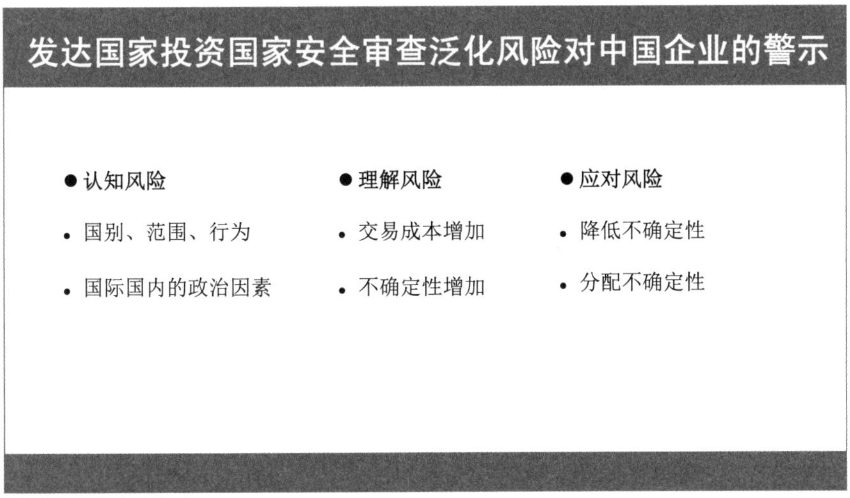

以上就是我关于国家安全审查的分享，谢谢大家！

演讲人：彭俊（金诚同达律师事务所高级合伙人）

扫码观看 演讲视频

4.2 透视深度互联的国际金融潜在风险

摘要：近年来，各国实体经济呈现出“三个不均衡”：疫情应对能力不均衡、疫后恢复速度不均衡、供应链各环节波动幅度和速率不均衡。当前影响国际金融风险有三大关键因素，即美元走势的外部性、地缘政治问题、国家宏观经济风险，主要表现为企业境外融资成本和可行性风险升高、境外投资资产和权益价值受损风险升高、部分投资对象国汇率波动导致经营风险升高、部分投资对象国经济与金融稳定性波动导致社会关联风险升高。

尊敬的各位领导、各位嘉宾，很荣幸我能有这个机会参加今年的中国企业“走出去”风险发布会。我今天的发言将会对影响我们中国企业“走出去”的一些相关国际金融风险进行一点个人的探讨，供大家批评指正。

近两年来我经常会受邀参加与中国企业“走出去”相关的经济与金融类风险的评估会议，但客观地讲，最难以评估的就是金融与经济方面的风险。因为金融风险是一个复合型的风险，能够对它产生影响的变量有很多，我通常会简单地把近年来影响全球金融与经济稳定的这些现象总结为“三个不均衡”。

第一，发达国家的实体经济与金融经济在疫情中以及疫情之后恢复速度的不均衡。

第二，发达经济体与很多发展中经济体在疫情中的应对能力的不均衡。

第三，以能源和粮食为代表的供应链各个环节的波动幅度和速率的不均衡。

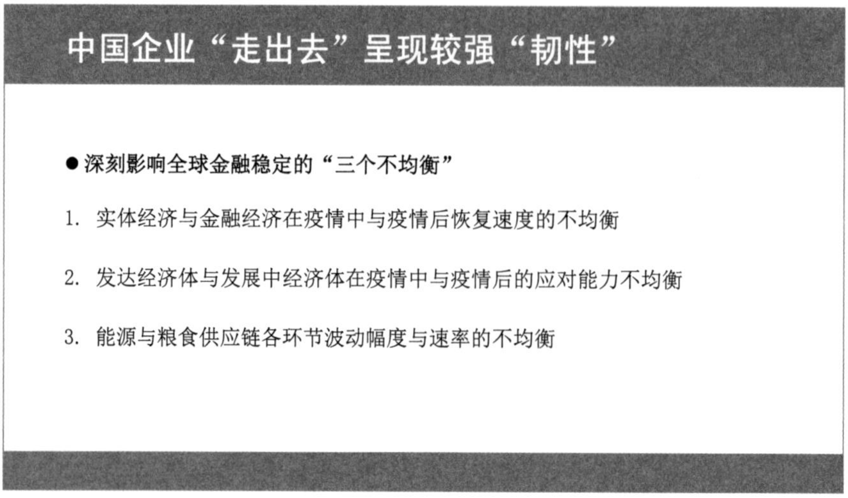

这“三个不均衡”背后的形成机制是在新冠疫情的初期，以美国为代表的西方发达国家采取了非常激进的扩张性货币政策，但由此引发的结果并不如愿，这些流动性没有进入实体经济部门，而是更多地进入了金融经济部门，极大程度推升了国内通胀水平。自 2022 年起，以美国为代表的货币政策当局美联储把它的货币政策又急转掉头，变成了激进的增息过程，并传导到内部环境各异的发展中经济体，由于后者的应对能力与自身的经济实力各有差异，就给他们造成了很多连锁性的问题。

此外，全球供应链从新冠疫情的初期就遭到很严重的破坏和扰乱，随着 2022 年以俄乌冲突为代表的地缘政治冲突加剧，全球能源与粮食供应链再次受到了严重的扰动，而且我们观察到越接近供应链的终端部分，在可负担性的程度上，变化就越加明显。

将这“三个不均衡”的形成过程加以总结，可以归纳为如下三个因素：

第一，美元作为国际货币其走势存在强外部性。这是对全球金融的影响。

第二，近两年来地缘政治冲突严重地干扰了全球金融的安全和稳定性。

第三，不同国家由于自身内部外部条件的差异，国家宏观经济风险也存在差异，某些国家的宏观经济与金融风险会比其他国家更为严重。

具体到中国企业“走出去”所面临的风险，可总结为如下四种：

第一，企业境外融资成本以及可行性风险升高，主要是由于美元走势的强外部性造成。

第二，很多企业境外投资资产和权益价值的受损风险也同时在升高。

第三，受一些国家宏观经济稳定性风险较高的影响，部分投资对象国经历了汇率严重贬值的波动，增加了中资企业在当地经营的财务风险。

第四，很多国家的宏观经济稳定性出现了较大的波动，导致社会安全出现一定程度的混乱，直接影响中国“走出去”企业在当地的人身以及财产安全。

当前国际金融风险总体评估及三大关键因素

● 风险因素	● 风险表现
• 美元走势的外部性	• 企业境外融资成本/可行性风险升高
• 地缘政治问题	• 企业境外投资资产/权益价值受损风险升高
• 国家宏观经济风险	• 部分投资对象国汇率波动增加经营风险
	• 部分投资对象国经济/金融稳定性导致社会关联风险升高

接下来我就这四项风险表现进行逐一梳理。

第一，美元作为国际货币其走势或者趋势的外部性问题，分为美元的近期利率问题、美国的公共债务问题、美元作为国际货币长期地位的趋势问题。

最近一段时间，很多观点都在讲美联储的联邦基准利率已经高到一个不可以接受的程度，都在探讨我们的中资企业是不是应该做好准备面对美元利率掉头向下走向弱势，导致以美元计价的大宗商品以及资产价格暴涨的风险。我个人在最近一段时间以来一直对此持有异议，如果我们把美联储联邦基准利率变化的时间跨度从近十年拉到近二十年，就会发现现在5%~5.25%的基准利率区间并不是一个非常高的区间，如果把时间拉长到40年，自1980年起来看，会发现与20世纪80年代初相比，当前5%~5.25%的利率并不是非常惊人的数字，甚至远远未到夸张的程度。美国货币当局美联储有自己的政策目标，它的三大政策目标之首是稳定物价。美联储在疫情初期增发了如此多的流动性，并没有惠及实体经济要素生产率的增长，所以导致了如此庞大的通胀水准。它首先需要考虑的其实就是如何更好地能够抑制住国内的通胀。另外，国际外部性问题从来都不是美联储的首要考虑因素。所以，综上所述，我个人认为，从短期看，如果我们判断一个强势美元阶段的结束其实是为时过早的。我们企业"走出去"目前更需要面对、更需要应对的是境外融资成本难度进一步上升的相关风险。

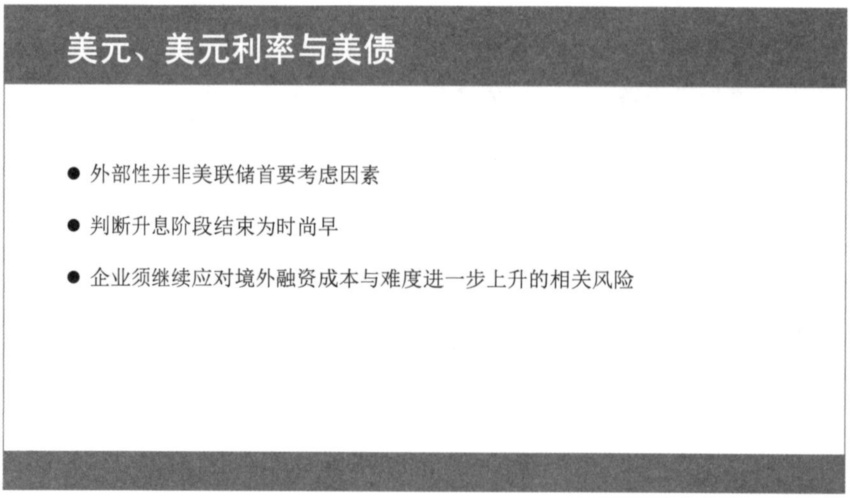

其次，美国公共债务的问题。近一段时间对于美国公共债务上限问题的讨论再度升温，从历史角度看，近十年、二十年来，美国公共债务上限一直呈现大幅攀升的趋势；在第二次世界大战之后，它几乎经历了近百次的债务上限调整。一时间有很多观点对此次美国两党之间能否就债务上限的再次冻结达成共识是持非常悲观态度的。但我个人在两个月以前就在一些场合提到，对此不用太过悲观。为什么？如果大家看一下这张图就会发现一个很有意思的现象。从短期到中期的角度来看，美国的公共债务问题并不是那么悲观，深色线代表美国联邦政府财政支出的状况，浅色线代表的是财政收入的状况。从 2020 年新冠疫情起，美国采取了非常激进的刺激性财政政策，导致其财政支出大幅增长。但是如果把时间再向前推进两年，在 2022 年的时候，美国联邦财政收入是可以补平它在疫情之前的财政支出的。从这一点我们可以说不能轻易判断美国债务上限问题完全无解，更不用过分担忧美国债券的收益率会暴涨，美元会迅速走向一个弱势地位的风险，反而应该相反看待。

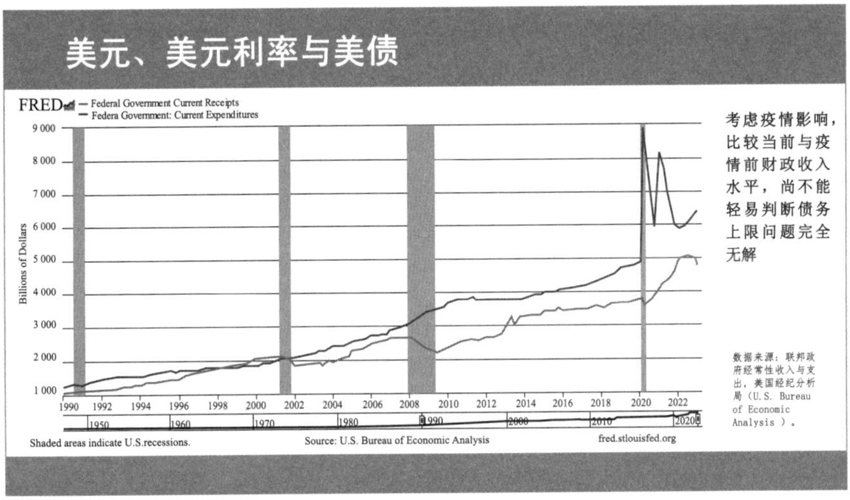

最后，美元国际货币长期趋势的情况。国际货币基金组织（IMF）统计了过去几个季度世界各国政府的官方外汇储备当中各种货币的占比，发现尽管经历了新冠疫情，经历了很多不利因素，但是美元在官方外汇储备中所占的比重仍然接近 60%。可是如果我们从类似于企业收入债务比的角度去考虑这个问题，我们就会看到一点不一样的长期趋势变化。从美国公共债务与 GDP 之间的比例来看，自 2008 年金融危机之后，这个比例就在不断地攀升，疫情之后到目前虽然稍有下降，但是已经超过了 120%。所以，也就不难理解为什么前 IMF 总裁、现任欧盟央行行长拉加德（Lagarde）女士会在某次会议上提出这样的观点，她说“尽管美元或者欧元的主导地位并未显示出近期受损的迹象，但是现状的确表明，不应该再将美元或者欧元的国际货币地位视作一种理所当然。”

第二个风险因素，也就是地缘政治问题。金融风险是最难以评估和衡量的，因为众多因素、众多变量交织在一起，我们不可能完全抛开国际、国内的政治与安全变量去谈金融风险。根据国际货币基金组织《全球金融稳定报告（2023）》，地缘政治的冲突、地缘政治的张力是可以同时影响实体经济部门的，也就是贸易、供应链以及大宗商品市

美元、美元利率与美债

- 拉加德：

“尽管美元或欧元的主导地位并未显示出近期受损的迹象，目前的数据并未显示出国际货币使用情况的变化，但（现状）的确表明，不应再将国际货币（美元或欧元）的地位视作理所当然。”

- Lagarde：

"These developments do not point to any imminent loss of dominance for the U.S. dollar or the euro…So far, the data do not show substantial changes in the use of international currencies…But they do suggest that international currency status should no longer be taken for granted."

场，以及金融经济部门，它会造成国家与国家之间在金融交易上的撕裂现象，也就是欧洲的一些学者最近经常提到的一个词，叫做“金融碎片化现象”（financial fragmentation）。这两种传导机制会同时在短期引起资产价格的不确定，引起流动性以及偿付能力的问题，而且这些问题会同时存在于金融类部门的企业和非金融类部门的企业，并且在长期趋势上会影响全球金融稳定性。

地缘政治问题与金融稳定性风险

- 国际/国内政治与安全变量同样影响金融风险
- 理解宏观经济与金融风险必须结合地缘政治形势
- 考虑不同国家的国内与所在地区政治与安全风险
- 考虑不同国家应对外部金融风险环境的能力差异
- 综合衡量并研判不同国家的宏观经济/金融稳定性风险

第三个风险因素，国家由于自身不同的内外部经济条件，比如国际收支、经济结构的状况，在应对以上两个因素的时候是会产生差异化的宏观经济以及金融的稳定性风险。

基于安联贸易（Allianz Trade）数据所生成的“2022 年全球宏观经济风险地图”，综合考量了政治风险、经济风险、营商环境以及融资风险等种种变量。越接近红色代表国家宏观经济与金融稳定性风险越高，很不幸的是很多“一带一路”合作国家都出现在了黄色偏近红色的部分。在推动高质量地“走出去”，共建“一带一路”，和这些国家进行共赢有效的经济合作的同时，我们也应该关注这些国家不同的宏观经济风险以及金融的稳定性风险。

我以三个近期出现了宏观经济风险以及金融风险的国家作为例子，向大家进行展示。

案例一：疫情期间第一个出现债务违约的非洲国家——赞比亚。2020 年末，赞比亚出现了一笔主权债务到期不能偿还的情况，自此之后，主权信用评级迅速下跌，目前已经下跌到了部分违约（RD）的级别。同时伴随着其本身就存在着的产业结构较为单一（靠矿业出口）、疫情当中又受到了国际市场需求不足的影响，导致它的宏观经济出现了一定程度的紊乱，通货膨胀持续攀升。幸好经过了国际货币基金组织等一些国际机构的债务纾困和救援，经济情况得到了有效缓解，它的币值在贬值了 50% 之后，目前达到了一个稳定的阶段。但是在赞比亚有很多中国企业在进行经济合作，当地宏观经济风险与金融风险会首先令我们的金融类企业面临当地借款人或借款机构信用履约的风险。其次，我们在赞比亚有很多工程承包类项目，这样一些项目和企业同样会面临着汇率贬值的风险以及结款能否拿到的风险。

案例二：亚洲的斯里兰卡。斯里兰卡的宏观经济形势在新冠疫情之前相对是比较稳定的，但是自疫情开始，全球供应链出现紊乱，斯里兰卡的出口市场受到了影响，加之俄乌冲突以及美元利息逆转且持续向上，斯里兰卡不堪重负，于 2022 年中期有一笔主权债务到期，同样它的主权信用评级迅速在两年之内从 B 级掉到了部分违约（RD）的级别，通货膨胀相当严重，最严重的时候曾经达到了 60%。

为什么要举斯里兰卡的例子呢？因为它恰好应合了四个具体风险体现当中的第四种，由于出现了较为强烈而且是首次的经济稳定性崩溃，因而政治稳定性和社会安全稳定性同步出现了问题，在当地的中资企业实际上直接面临着其社会不稳定所带来的人身与财产安全风险。

案例三：南美洲的阿根廷。阿根廷的宏观经济形势在疫情之前就饱受外界质疑，其主权违约情况较严重，包括最近的一次，一共出现了 9 次主权债务违约。而且它的货币持续贬值，实际上是从新冠疫情之前的几年就在一路下行，但是疫情因素以及供应链受地缘政治冲突导致的各种混乱影响，推升了宏观经济风险，仅就近一年的情况来看，阿根廷比索的贬值幅度再次超过 50%。中国在阿根廷的投资不光是一些承包水电站之类的工程项目，还有绿地投资，比如电子科技产品的制造业企业也准备在那里进行建厂、投资、生产、销售。如此持续的贬值加之超过 100% 的恶性通胀率，对于我们在地经营的绿地投资类企业而言，经营成本会随之攀升，销售收入如果折合成结算的人民币或美元，会不断贬值，致使经营不断受到损失。这就更加提醒我们不得不关注每一个我们要进行经济合作国家的宏观经济以及金融稳定性风险。

从典型案例看宏观经济风险与金融风险

- **赞比亚：疫情期间第一个出现债务违约的非洲国家（2020）**
  - 金融类企业面临履约信用风险
  - 工程承包类企业面临汇率风险与结款风险
- **斯里兰卡：历史上首次出现债务违约（2022）**
  - 经济/金融稳定性受损较严重，在地企业面临社会稳定性风险大幅升高
- **阿根廷：货币持续贬值，通胀持续攀升**
  - 制造业企业面临经营成本、销售收入等各项经营性损失风险

最后，在“一带一路”高质量发展的新周期，我们企业“走出去”如果要关注金融风险，不仅应该关注那些诸如美元外部性以及地缘政治这些全球性的金融风险，同时也应该从区域国别的研究视角，去关注不同目的地国家的宏观经济以及金融的稳定性情况。我们应该合理地运用包括海外投资保险在内的各种金融避险工具，以期做到妥善的应对。

结语

在新的发展周期，企业“走出去”不仅要关注全球性金融风险态势，还应主动筹划、妥善应对不同投资目的国的宏观经济与金融稳定性风险，合理运用各类海外投资保险等避险工具

我的发言就到这里，谢谢大家的聆听。

演讲人：蔺睿（吉林外国语大学国际商学院教授）

扫码观看 演讲视频

4.3 聚焦供应链调整面临的区域风险

摘要： 全球市场进入到存量竞争而非增量合作阶段，技术快速迭代导致国家间科技与产业体系的差距越来越大，美国高通胀和债务激增引发全球金融风险，美国对中国产业的“脱钩断链”战略进一步破坏了全球产业链应有的效率与成本。在此背景下，中国企业要依托国内全产业链体系，进一步巩固成本与质量的平衡优势；同时，全面构建全球技术标准联盟，形成标准、专利以及市场的有机融合；此外还要强化 ESG 的风险管理与意识。

尊敬的沈主席，尊敬的诸位嘉宾，非常高兴再一次来到中国企业“走出去”风险发布会。今天我分享的主题是“聚焦供应链调整面临的区域风险”。

就像沈主席和诸位嘉宾刚才说到的，今天全球化面临着一个重大挑战，就是所谓的“逆全球化”。“逆全球化”并不是全球封闭起来，而是美国以政治手段，违背全球化进程的经济规律，使得整个全球化走向了碎片化，通过所谓的友岸外包、近岸外包、去风险化等一系列的政治手段，使得整个全球化呈现出一个本土化、区域化、集团化的新趋势。

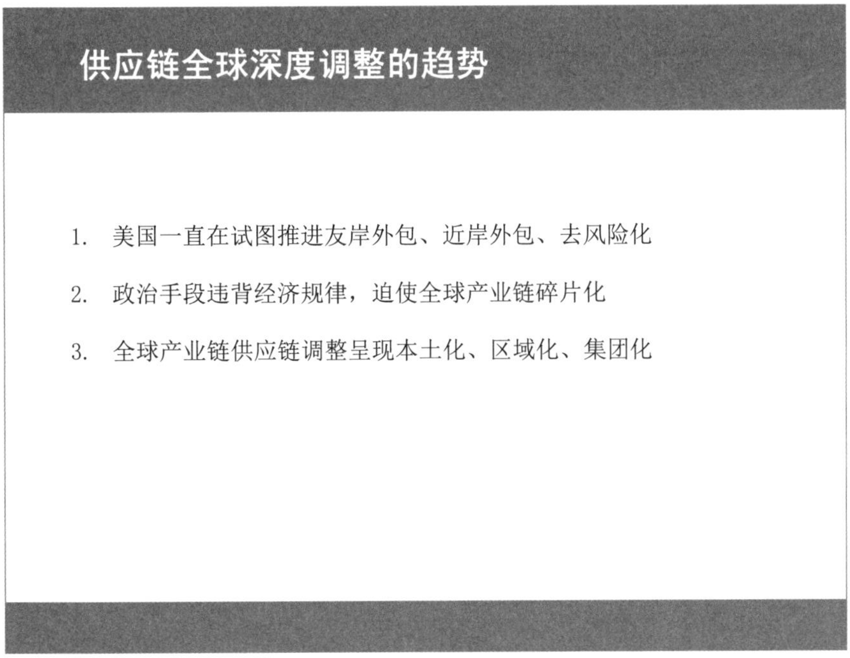

我们从苹果公司供应链的调整就可以看出来，目前近5%的苹果产品是在中国之外生产的，但是苹果公司计划到2025年将这一比例提高到25%。然而，今天我们看到很多的苹果产品，比如说AirPods、iPhone都转向了越南、印度生产，出现这样的趋势是由于在美国行政强制和法律约束的背景下，美国的跨国企业逐渐地从中国这样一个传统的、全球最大的制造业大国慢慢地朝着新兴的制造业区域转移它的产业链。产业链转移的核心在于美国近些年来不断地强调所谓的从共同价值观“友好”的国家获取零部件和原材料，从而提高企业生产安全性。更重要的是，近些年来美国和欧洲一起试图将产业链生产重点区域转向离美国和欧洲地理位置接近，并易于影响和控制的区域，也就是所谓的“近岸外包”，以获得快速的上市和便捷的运输。美国在近些年来通过三个层次进行所谓的“友岸外包”。

第一，建立“矿产安全”伙伴关系。随着中国新能源发展，无论是新能源汽车还是储能均高速发展，储能电池现在成为新能源发展的核心零部件。目前新能源电池的关键矿产是锂矿，而锂矿主要来自非洲、拉美和澳大利亚以及加拿大。因此，美国在它能够影响的这些领域里边，对关键矿产尤其是以锂矿为核心的新能源矿产建立“矿产安全”伙伴关系，从而建立起一个以锂矿、稀土为核心的“矿产伙伴”关系，使得现在越来越多的中国新兴企业尤其是新能源企业面临着前所未有的矿产风险。

第二，建立技术联盟。现在美国在技术密集型领域尤其是半导体领域控制着核心的技术联盟，美国有能力在半导体的软件开发、应用以及制造环节里扩大对华的半导体遏制。因此在目前一段时间内，中国的半导体企业在高端制程方面面临着前所未有的压力以及前所未有的困境，这样的困境使得中国相关企业还有一段较长的路要走。目前拜登政府签署了所谓的《芯片与科学法案》，一方面构筑了“小院高墙”，也就是把美国占优势、但中国目前不占优势的技术领域甄别出来，形成所谓的“小院”，然后通过法律和政治手段对中国市场和中国企业加以遏制，这就是“高墙”。美国的“小院高墙”策略，一方面，打压中国的半导体企业；另一方面，构筑新的产业联盟，迫使台积电、三星等公司将工厂搬到美国，同时构筑了美国、荷兰和日本对华半导体的一个全面遏制联盟，从而从软件、研发、关键制造材料以及制造机器，全面地对中国的高科技企业尤其是半导体行业进行联合遏制，给中国的半导体企业形成短期或者是中长期的不确定性以及发展困境。

第三，建立起所谓的“市场安全”伙伴关系。美国试图构筑以美国为核心的美欧市场联盟，对于很多的中国产品进行准入限制，从而实现它所谓的“友岸外包”。

从“苹果”案例看供应链调整的风险

目前仅5%的苹果产品在中国以外生产，苹果公司计划到2025年，将这一比例提高到25%。

1. **从具有共同价值观的“友好”国家获得零部件和原材料，以提高生产安全性**
2. **将生产转移到市场所在的周边国家，从而确保更快的上市速度与更短的运输过程**
3. **友岸外包的三个层次**
   - 建立“矿产安全”伙伴关系
   - 建立“技术安全”伙伴关系
   - 建立“市场安全”伙伴关系
4. **近岸外包的区域选择**
   - 美国的近岸外包区域主要是墨西哥
   - 欧洲重点选择土耳其与摩洛哥

近些年来，美国选择近岸外包的区域主要是墨西哥，而欧洲选择的是土耳其。中国企业为了规避美国关税、市场准入以及技术联盟的限制，开始走向了 RCEP 国家或者是墨西哥。很多企业开始在墨西哥设厂，试图以这样的方式进入美国市场，但是这种方式存在着一些巨大的风险。

第一种风险，关键原材料价格飙升，急剧地提高了企业的成本。最近一段时间锂矿的价格再次上升，给中国新能源企业的发展尤其是电车的发展造成一定的成本压力。

第二种风险，通过市场准入手段，很可能会造成中国部分产品无法进入美国或者欧洲市场。因为虽然我们很多企业为了规避所谓的友岸外包或者近岸外包造成的风险，纷纷在特定区域里设厂，但是美国现在越来越强调所谓的“原产地原则”，或者是强调所谓的“人权”原则，使得中国很多企业虽然到了美国所规划的友岸或者是近岸进行生产，但是根据“原产地原则”，仍存在法律风险，最终不一定能够进入美国市场。

第三种风险，在一种极端的情况下，美国会应用自己的“长臂管辖”原则，通过政治、经济、人权等一些借口，对中国部分企业的原材料、加工设备甚至制成品进行扣押，从而进一步加大了中国企业的风险。

“友岸外包”“近岸外包” 带来的风险

1. 关键原材料价格飙升，急剧抬高企业成本
2. 产品无法进入欧美市场
3. 企业原材料、加工设备或者制成品遭扣押或没收
4. 企业成本增大（重新构建产业链、重新构建品牌）
5. 美国“长臂管辖”的可能性增大

因此，中国“走出去”企业会面临两大不确定的成本：第一，重构产业链的成本。一方面中国企业如果是美国企业重要的产业链组成部分，在以苹果为代表的美国企业逐步向其他区域转移的时候，中国企业也不得不跟着美国企业走，随之而来的成本增大，使得中国企业面临着前所未有的风险。第二，重塑品牌的成本。因为我们要走向近岸外包、离岸外包、友岸外包，中国企业为了规避法律风险，从而要和本土品牌实现一定程度的分离和切割，在一定程度上就要重塑自己的品牌，但是这个品牌背后可能都是同一家公司，所以重新树立品牌也是企业一个非常大的风险。

当今 ESG 的发展，给中国企业带来了机遇，但是同时也带来了挑战。因为在联合国的倡议下，越来越多的国家尤其是发展中国家也越来越强调所谓的环境（Environmental）、社会（Social）及治理（Governance），即 ESG。ESG 在无形中给中国企业带来了很多成本，这些成本一方面很可能是一个机遇，因为中国在新能源产业、在适应气候变化等一些产业方面具有极大的优势，而这些产业往往和 ESG 是紧密相匹配的。但是另外一方面，如果企业不注重所在投资东道国 ESG 的要求，很可能会遭遇到前所未有的法律风险。

关于ESG的挑战与机遇

1. ESG，即环境因素（Environmental）、社会因素（Social）及治理因素（Governance）越来越成为全球发展的重要理念，也塑造了新型产业区域的产业建构和市场发展
2. 发展中国家也越来越强调可持续发展、注重企业发展与解决环境、健康、气候变化、贫困、饥饿等紧密相连
3. 清洁能源是中国企业的优势，也是走出去企业前所未有的新市场机遇
4. 环境和社会因素也给企业带来了一定的法律和成本的挑战

为了应对美国的“脱钩断链”，中国企业现在不断地在加强自己的强链、补链和重建产业链的过程。这个过程在一定程度上也有很多不确定性。这些不确定性因素，一是全球化呈现了碎片化，二是很多美国企业加速构建新的产业集群，给我们的企业强链、补链、重建产业链造成了前所未有的压力。

强链、补链、建新链的风险挑战

1. 强链、补链、建新链成为应对全球产业链碎片化挑战的主要手段
2. 加速构建产业集群，以全产业链巩固成本与质量的优势地位
3. 强链、补链、建新链将面临“关键矿产”“技术联盟”和“市场准入”三大风险

最后，对于中国企业应对全球供应链风险，提出一点个人的建议：

第一，目前中国正在开启全球最大的算力网、运力网、车联网以及智能电网的建设，而这也是应对美国“脱钩断链”所采取的一种“你打你的，我打我的”的战略方式。中国试图以建立全球最新型的数字产业基础设施为核心，以应对美国对中国企业的打击。所以，未来三年，即2023年、2024年、2025年，是中国以及中国企业最关键的三年，在这三年中国一旦建成了全球最大的新型基础产业的基础设施，美国只能去打压中国企业，但是打压不了中国产业，更打压不了中国的新型基础设施。所以，中国企业“走出去”更重要的是中国企业要进一步巩固制造成本与制造质量之间的平衡。因此，今天中国制造之所以具有较强的竞争力，最核心的要素就是形成了质量与成本的均衡——比我质量好的产品价格比我贵，价格比我便宜的产品质量没有我们好，这是中国制造应对全球“脱钩断链”最重要的平衡。

其次，中国企业要全面地构建自己的产业联盟，形成标准、专利以及市场的有机结合。中国企业在今天不能够再单打独斗，“走出去”企业一定要抱团出海，要形成自己的企业联盟、标准、市场，以及专利体系，从而集体应对美国等国家“脱钩断链”的风险。

最后，再次强调，企业要加强ESG研究，适应全球ESG发展，让ESG变成我们企业的机遇，而不是不确定的风险与挑战。

关于中国企业应对供应链风险的建议

1. 必须依托中国正在以全球最大算力网、运力网、车联网以及智能电网为核心，构建全球最大数字产业体系基础设施网
2. 企业“走出去”并不代表企业“退出去”，企业依然要依托国内全产业链体系，进一步巩固成本与质量的平衡优势
3. 中国企业要全面构建全球技术标准联盟，形成标准、专利以及市场的有机融合
4. 企业要强化ESG的风险管理与意识

以上是我个人的一点点建议，再次感谢各位领导，感谢各位企业，感谢各位专家，谢谢！

演讲人：雷少华（北京大学国际关系学院教授）

扫码观看 演讲视频

4.4 防范境外出行恢复期的安全风险

摘要：2023 年伊始，企业和个人的跨境旅行反弹明显，出行意愿十分强烈。但当前形势下，地缘政治、宏观经济、医疗卫生、交通运输、社会安全乃至签证办理等各项现实因素都对出境旅行造成了严重影响。为此建议中国公民“走出去”应特别注意提高安全风险意识，恪守当地法规、尊重当地风俗，出境前要做好充足准备，筹划好风险保障与应急方案，提高风险应对处置能力。

尊敬的各位领导、各位嘉宾，今天非常荣幸能够再次回到风险发布会，因为之前我大概参加过四次，今天再次回到这个发布会上，跟大家分享中国公民“走出去”面临的风险与挑战。

这个题目已经谈论了很多年，但是在今天的国际形势和大环境之下，我们再次谈论这个问题，非常具有现实意义。

谈论这个话题之前，先跟大家分享几个数据。世界旅游组织近期发布的数据显示，2019 年全球旅游人数是 123 亿，国际旅游人数是 15 亿。两者的区别在于全球旅游人数是包含了国际和国内旅游的人数，15 亿是跨境旅游人数。2022 年数字有很大的变化，由于疫情，2020 年的数字断崖式降低，到 2021 年有所恢复，2022 年恢复速度又加快了，跨境旅游人数从 2021 年的 4.5 亿上升到 2022 年的 9 亿。虽然跨境旅游人数恢复比较快，但我个人认为这是一个短期内的反弹，从近期来说，恢复速度还是会受到很多因素的影响，还会放缓。

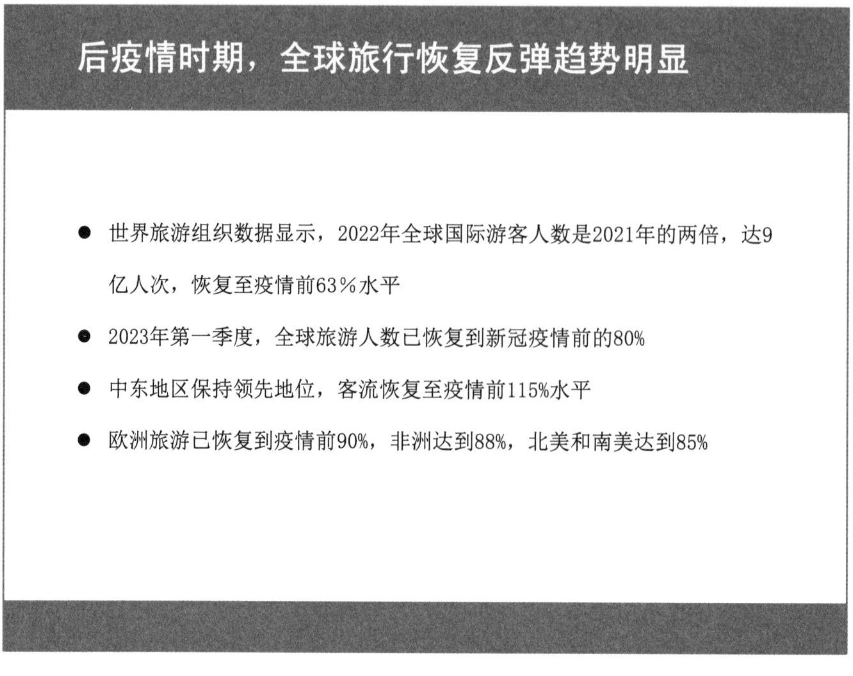

为什么全球跨境旅游人数增速会放缓？因为有很多因素掣肘出境旅游的恢复速度。

第一，出国签证办理难度加大。有很多旅行社反馈，现在到使馆去办理签证，不管是欧洲还是美国，要排很长时间队，有可能排到好几个月以后，签证办理难度会影响大家出境旅游的积极性。

第二，全球国际航班还没有完全恢复到疫情前水平。根据国际航空运输联合会的统计，现在全球国际航班大概恢复到疫情前的 80%。但是从国内情况来看，恢复的速度更加慢一点。根据民航局（2023 年）4 月份的统计，中国国际航班通航的国家恢复了 50% 多，但是航班量只有不到疫情前的 30%。

第三，虽然现在新冠病毒的影响已经慢慢降低，但是由于病毒并没有完全消失，大家出境旅游还是有一些担心。

第四，全球经济持续下滑，经济不好会影响企业收入和个人收入。收入少了，自然会减少远程旅游的支出。

第五，地缘政治冲突明显升级，俄乌冲突仍在持续，欧洲的塞尔维亚又处于内战的边缘。

第六，国家间对立会导致民间不友善情绪。以美国为首的美西方对中国进行全方位的打压，增加了很多对中国的负面宣传，这种长期宣传会导致人民相互之间的不友善情绪增加，进而影响出国旅游的决定。

多因素掣肘跨境出行恢复

- 出国签证办理难度加大
- 全球国际航班尚未完全恢复至疫情前水平（59个国家，至疫情前82%），价格仍处高位
- 国际通航基本恢复，但航班量明显不足（仅为疫情前29.4%）
- 新冠病毒仍未完全消失，对疫情的担心依然存在
- 全球经济下行压力持续加大
- 地缘政治冲突明显升级
- 国家间的对立导致民间不友善情绪增加

除了刚才讲的这些风险之外，还有一些传统意义上和非传统意义上的旅行安全风险，会对出行者的人身安全和财产安全带来重大的潜在影响。

第一，行程变更。比如战争、自然灾害或者是动乱等因素，使我们的旅行行程被中断或者改变。

第二，社会安全因素。有些国家经常发生枪击，比如在美国，枪击事件可能屡见不鲜，还有诸如偷盗、抢劫、诈骗等事件。

第三，动荡战乱。比如近期苏丹发生的内战，导致各国大规模撤侨行动。

第四，交通安全。自驾旅游是现在非常受欢迎的旅行形式，不仅是在国内，包括出国游，疫情前很多游客喜欢到欧洲、美洲、亚洲进行自驾游。但是因为很多国家的交通规则不一样，比如英国右舵位，开惯国内的左舵位就会很不习惯，包括交通驾驶习惯也不一样，会导致交通安全问题。

第五，公共卫生。比如现在的新冠病毒，以及埃博拉、霍乱等这些传染性疾病都会对旅行产生重大的影响。

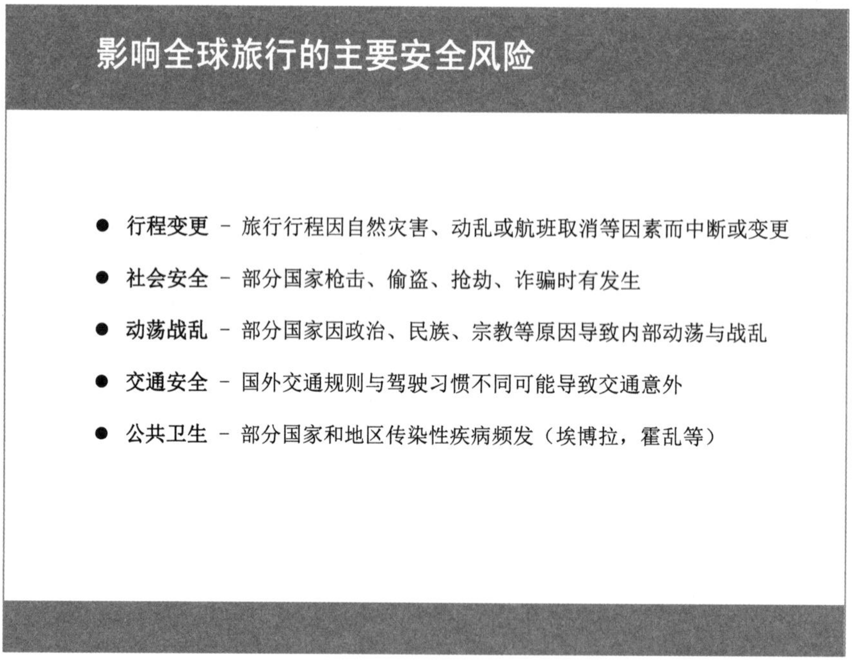

当前的形势下，我个人认为会有几项具体和现实的因素对出境旅行造成严重的影响，包括公共卫生事件、地缘政治问题、恐怖主义事件、宗教问题、多地网络电信诈骗事件（缅甸、柬埔寨等东南亚一带的电信诈骗事件非常多，不仅造成了游客的财务损失，在很大程度上也对游客的生命安全造成威胁）、社会治安状况、自然灾害，等等，这些风险因素都影响了当前全球旅行的恢复。

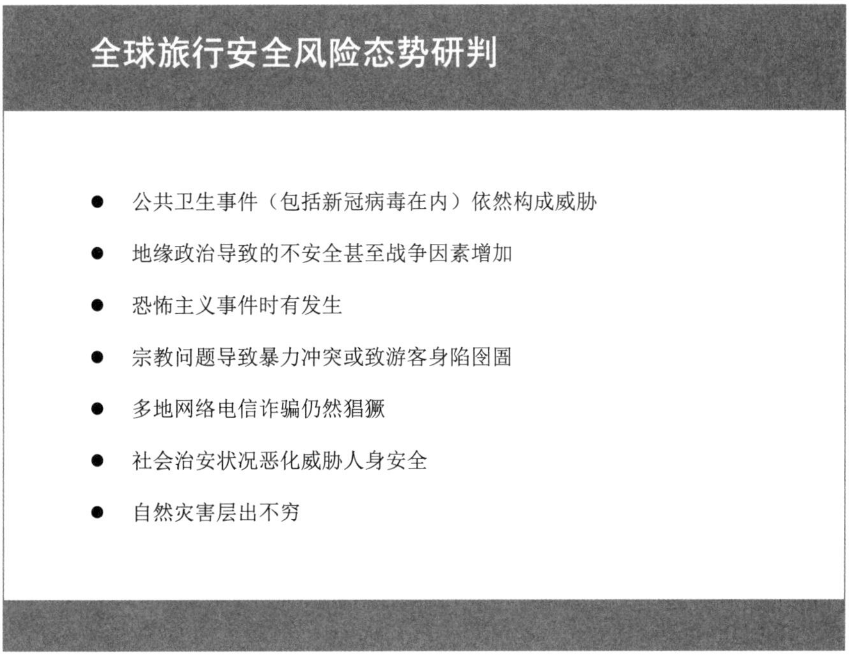

那么是不是因为有这些风险，我们就不出国、就不出去旅行呢？并不是这样。我们出去旅行有多种原因：一是因为企业在境外有投资，有贸易行为，必须要进行跨境旅行；二是个人出游现在已经成为我们生活中的一部分。所以，不管是个人出境旅游，还是企业商务旅游，都还会存在着跨境旅行的动机。

在这种风险的情况下，我们应当怎么办？通过什么方式能够化解风险，最大程度上减少对我们生命安全的影响和对我们财务损失的影响？

对个人旅游来说，有以下几点建议：

第一，出行前一定要关注政府特别是外交部门网站，网站上会对一些国家进行安全提示，尽量避开有安全风险提示的国家和地区。

第二，针对我们前往的国家和地区要事先做好风险分析，针对风险做好相应的防范措施。

第三，抵达风险比较高的国家后，要到当地的中国使领馆进行信息报备，以便出现问题以后，使馆可以及时地联络和救助。

第四，针对目的地国家的风险因素，做好应急预案。

第五，救援保障。发生问题以后怎么办？比如生病了或者遇到自然灾害，在当地怎么办？最好的方式就是通过“保险加救援”的方式，因为很多保险里面包含救援的内容，可以减少自己的人身和财产损失的危险。

当前，中国公民“走出去”特别要注意提高安全风险意识，恪守当地法规，尊重当地风俗，出境前要做好充足准备，筹划好风险保障与应急方案，提高风险应对处置能力。

我今天跟大家分享的就是这些，非常感谢！

主要出境人群安全风险提示：旅游人群

- **危地勿往** – 行前特别关注政府安全提示，避开有明显风险的国家和地区
- **防范措施** – 前往治安问题较严重国家和地区时有针对性做好防范措施
- **备案信息** – 前往风险较高的国家和地区要及时向当地的中国使领馆进行报备
- **应急方案** – 针对前往国家和地区的特定风险因素做好应急预案
- **救援保障** – 充分做好行前救援方案，配置“保险+救援”，以最大程度减少人身和财产的损失

主要出境人群安全风险提示：务工人群

- **培训教育** – 对劳务人员普及所在国和地区政治、历史、民族、文化、习惯、风俗等知识
- **尊重当地文化** – 教育劳务人员如何尊重当地的文化和习俗，避免因文化差异造成的冲突
- **心理建设与疏导** – 避免因长期生活在远离祖国、家人的陌生生活和文化环境而产生孤独压抑
- **公共卫生** – 详细告知劳务人员当地卫生环境、常见疾病和饮食卫生情况，慎防大规模健康问题

演讲人：熊山华（民生智库副总裁）

扫码观看 演讲视频

第 5 部分

2023 全球投资服务论坛主题演讲及境外安全风险防控圆桌对话

5.1　越是“风高浪急”越要履行政府统筹“走出去”发展与安全的管理责任

摘要： 针对企业面临的法律障碍、困惑及风险，未来政府在提供相应支持和保障过程中，应从三个方面着手：一是加快、加深双边投资保护协定和税收协定的制度化安排；二是建立单独的对外投资保险制度；三是提升公共信息服务，为“走出去”企业提供指导，打造人才培养的支撑平台。

尊敬的各位领导、各位来宾，大家下午好！非常感谢主办方提供的学习交流的机会，我就政府统筹“走出去”发展与安全的管理责任分享我的一些体会。

如果问企业，当你“走出去”的时候，希望政府做些什么？可能不少企业会说“给我们提供资金”，因为有资金、有技术，到投资对象国我们就可以把事情干成，这种思维是可以理解的。但是疫情之前我国“走出去”的企业已经很多了，有些企业成功了，但是失败的案例也很多。虽然失败的原因各种各样，但其中很重要的一个原因，也是基础性原因，就是中国与投资对象国法律制度不同，存在标准和规则的差异。这种差异导致了投资的障碍，加大了企业的投资成本，降低了投资效率，导致投资项目没有达到预期的目标。所以，减少或消除这种法律障碍和规则制度的障碍，就成为政府护航企业“走出去”很重要的一项工作。涉及这项工作，需要政府签署两个协定，第一个就是政府间关于鼓励和相互保护投资的协定，叫“双边投资保护协定”；第二个就是对所得避免双重征税和防止偷漏税的政府间协定。这两个协定是企业“走出去”基本的法律保障。

我们看到跨国公司开展对外投资的时候首先要看本国政府与投资对象国政府是否签署了这些协定，如果没有签署，企业一般是不去的。为什么呢？因为在对外投资的汪洋大海中，这两个协定可能不能保证企业走得特别远或者走得特别好，但是在遇到惊涛骇浪的时候肯定能保证企业不沉底，所以这是一个基本的护身符。

中国从 1982 年开始签署第一个双边投资保护协定，目前为止已经与全球 134 个国家和地区签署了投资保护协定。协定的主要内容包括确定受保护的投资种类，中国对外投资和吸引外资经营活动的公平待遇，以及投资者或投资资产被征收、被国有化过程的补偿，投资盈利的回收、汇回以及投资争端解决等，这些内容都是企业对外投资非常重要的环节。

税收协定是从1983年开始签署的，目前为止中国已经与全球112个国家和地区签署了税收协定。协定的内容主要涉及我国吸引的外资在国内经营活动的税务管理，中国企业在海外投资经营活动的税务管理，包括在航运、海运、科技交流、人文交流等相关活动中的税务管理，以及养老金、退休金和相应的税务处理等。

这些环节都跟企业对外投资有着密切的关系。这两个协定实际上是增加了外国来华投资者的安全感，也为中国企业“走出去”的经营活动提供了安全保障，创造了有利的法律框架和外部环境。

护航企业“走出去”既是国际通行惯例
也是政府的长期责任之一

- **双边投资保护协定**
  两国政府间关于鼓励和相互保护投资的协定，自1982年起，中国已与134个国家和地区签署了双边投资保护协定

- **双边税收协定**
  关于对所得避免双重征税和防止偷漏税的政府间协定，自1983年起，中国已与112个国家和地区签署了双边税收协定

- **作用**
  这些法律既可以增加外国来华投资者的安全感，同时也对中国企业“走出去”的对外投资经营提供了一定的安全保障，为中国企业进一步紧跟“走出去”战略提供有利的法律框架和外部环境

除了法律保障以外，企业更关心的可能是风险防范问题，风险防范也有政府要承担的责任。但风险是有不同类型的，假如企业是由于自己决策失误造成的商业风险，那政府是不承担的。政府主要是保障一些政策性的风险，比如对象国政府的政变或者是财产被没收，等等。所以，为了提供这种中长期的境外投资国家保障，2001年12月18日，中国出口信用保险公司（中国信保）正式挂牌运营，中国信保主要提供海外投资政治风险的保险、中长期出口信用保险、与海外投资保险和出口信用保险相关的信用担保、再保险和信息咨询等产品和服务。截至2022年底，中国信保累计支持的国内外贸易和投资规模超过7.06万亿美元，为超过28万家企业提供了信用保险和相关服务，累计向企业支付赔款近194亿美元，累计带动近300家银行为出口企业提供保单融资支持超过4万亿元人民币。2015年以来，中国信保业务总规模在全球官方出口信用保险机构中连续多年排名第一。

政府承担的另一个责任是公共服务。因为企业“走出去”需要知道“走出去”的对象国到底是什么情况，需要了解它的一些基本信息。在公共服务方面，有不同的层次，

护航企业“走出去”既是国际通行惯例
也是政府的长期责任之二

- 设立政策性保险公司为中长期出口贸易、境外投资提供国家保障
- 中国出口信用保险公司：2001年12月18日正式运行
- 独家提供：海外投资（政治风险）保险、中长期出口信用保险、与海外投资保险和出口信用保险相关的信用担保、再保险及信息咨询等产品与服务
- 运营情况：截至2022年末，中国信保累计支持的国内外贸易和投资规模超过7.06万亿美元，为超过28万家企业提供了信用保险及相关服务，累计向企业支付赔款193.77亿美元，累计带动近300家银行为出口企业提供保单融资支持超过4万亿元人民币。2015年以来，中国信保业务总规模连续在全球官方出口信用保险机构中排名第一。

现在我向大家推荐的是商务部搭建的“走出去”公共服务平台发布的《对外投资合作国别（地区）指南》，由商务部研究院和驻外经商参处联合编撰，每年更新。指南的主要内容包括对象国的基本情况，比如政治制度、法律制度、经济制度、宏观经济的情况、产业特点、对外贸易情况、中国和对象国家双边贸易和投资的情况，以及这些国家吸引外资的优惠政策和中国企业在对象国家投资需要注意的事项等，解决了企业对外投资的一些基本的问题。当然，想要了解更多的信息还要借助第三方专业机构。对此，政府设置了外经贸专项发展资金，其中一部分资金就是为“走出去”咨询服务提供资金支持。

除了中央政府，地方的商务系统也搭建了很多公共服务平台，比如广东省在 2021 年至 2023 年开展的对外投资及境外安全风险防控综合服务项目，新疆从 2021 年开始开展对外投资公共服务质量战略合作项目，福建省 2022 年开展了境外安全风险防范咨询项目，浙江省从 2021 年开始一直在推动浙企出海加综合服务平台项目，深圳从 2020 年开始搭建“走出去”综合服务平台。所以，各个地方政府都在积极推动企业“走出去”，并提供相应的咨询服务。还有一些地方政府采取了创新的方式，我了解有一个地方的商务局把所辖区内企业“走出去”成功、失败的案例编成了一个案例集，略去了企业的名称，发给所有企业参考。有些企业就是看了这个案例集，看到了一些失败的案例，才避免了出现同样的失误，取得了投资项目的成功。所以，公共咨询服务确实发挥了非常积极的作用。

从企业角度来说，“走出去”企业面对复杂多变的局势，他们怎么看待未来“走出去”的前景，他们关注的点在哪里呢？借用江泰做过的问卷调查，里面显示了一些企业关注的信息。比如困扰企业对外投资的最主要因素，在 300 份有效问卷当中，三分之

护航企业"走出去"既是国际通行惯例也是政府的长期责任之三

- **走出去项目保险费率较疫情前平均上涨20%以上**

应对：准确做出市场判断，预留合理的保费预算。

- **商务部走出去公共服务平台**（fec.mofocom.gov.cn）

《对外投资合作国别（地区）指南》（2009—2022）

- **颁布《外经贸发展专项资金管理办法》**（2014）
- **地方商务系统"走出去"公共服务项目**（近年）
  - 广东省对外投资及境外安全风险防控综合服务项目（2021—2023）
  - 新疆提升对外投资公共服务质量战略合作项目（2021年至今）
  - 福建境外安全风险防范咨询项目（2022年）
  - "浙企出海+"综合服务平台项目（2021年至今）
  - 深圳走出去综合服务平台（2020年至今）

一的企业认为多边政策不确定性容易导致国际法律纠纷，法律问题仍然是企业关注的一个重要问题。再比如"企业在对外投资过程中面临的问题是什么"，一半以上的企业答复国内外法律法规的差异处理不到位，导致合作与合同的风险。所以，法律风险确实是企业非常关注的一个问题。

"走出去"企业应对复杂多变危局的两个观察

- **第一、企业应该更加重视境外法规框架、法律风险**
- **第二、有多方面境外风险和发展困扰，企业出海亟须帮助**

【多选题】当下贵单位走出去拓展海外业务，面临的主要困扰有哪些？
本题有效作答问卷299份，共计选择选项759次。

选项		选择次数	次数排名
A	出入境疫情严控导致跨境组织管理受阻	181	1
B	**多边政策不确定性易导致国际法律纠纷**	107	3
C	区域风险加大导致人员外派及本地用工困难	115	2
D	区域冲突频发导致应急处置复杂及风险成本增加	71	5
E	缺少与境外专业服务机构的有效沟通渠道	105	4
F	境外合规要求提高导致东道国投资审批程序缓慢	50	8
G	现存境外机构/项目的经营或拓展增资融资渠道有限	65	6
H	其他	6	9
I	对如何拓展海外业务还不清楚，希望加强了解	59	7

【多选题】贵单位认为在开展走出去活动过程中，更应该注意哪些风险？
本题有效作答问卷299份，共计选择选项910次。

选项		选择次数	次数排名
A	投资目的地及合作对象的尽调不充分风险	171	2
B	境外投资（ODI）备案合规风险	98	6
C	境外机构组织架构与注册形式不当导致的审计风险或再投资受限	87	7
D	境外机构/项目落脚点（如园区）安全风险	102	5
E	**国内外法律法规差异化处理不到位导致的合作与合同风险**	173	1
F	境外机构/项目经营安全和突发事件风险	137	3
G	外派人员心理健康和人身安全风险	105	4
H	其他	2	9
I	对走出去投资的相关风险暂不了解，希望进行了解	35	8

针对企业面临的法律障碍困惑以及面临的风险，政府在提供相应的支持或者保障时，主要应该在以下三个方面提供支持：

一是加快、加深两个"协定"的制度化安排和双边投资保护。目前我们跟全球还有31个国家和地区没有签署双边投资保护协定，与21个国家和地区的投资保护协定虽然签了但还没有生效或者已经废止。政府要加速推动签署或者更新这些协定。前不久在西安召开了中国和中亚五国元首峰会，在这次峰会上，签署了一系列的合作协议，其中有一条提出了要升级中国跟中亚国家的投资协定，政府在积极推动这些投资协定的更新，以便能够为企业创造更好的环境。

关于政府完善“走出去”公共服务的建议之一

● **第一、加快、加深两类“协定”的制度化安排——双边投资保护**

• 三十一个未签署的国家和地区：
东帝汶、尼泊尔、伊拉克、马尔代夫、巴勒斯坦、爱尔兰、黑山、圣马力诺、卢旺达、布隆迪、安哥拉、厄立特里亚、毛里塔尼亚、马拉维、几内亚比绍、冈比亚、多哥、尼日尔、中非共和国、索马里、利比里亚、塞内加尔、科摩罗、南苏丹、萨摩亚、库克群岛、斐济、汤加、委内瑞拉、苏里南、巴西

• 二十一个未生效或已废止：
新加坡、印度尼西亚、印度、约旦、利比亚、吉布提、肯尼亚、赞比亚、纳米比亚、几内亚、科特迪瓦、尼日尔、塞拉利昂、塞舌尔、乌干达、乍得、瓦努阿图、巴哈马、厄瓜多尔、玻利维亚、智利

另外，我国与 52 个国家和地区还没有签署避免双重税收协定，还有 8 个国家和地区的税收协定没有完全生效，所以未来政府要加速推动这些协议的生效和落实。

关于政府完善“走出去”公共服务的建议之一

● **第一、加快、加深两类“协定”的制度化安排——双边税收保护**

• 五十二个未签署的国家和地区：
缅甸、东帝汶、巴勒斯坦、黎巴嫩、也门、伊拉克、约旦、马尔代夫、圣马力诺、利比亚、吉布提、坦桑尼亚、布隆迪、莫桑比克、厄立特里亚、纳米比亚、马拉维、几内亚比绍、冈比亚、马里、佛得角、几内亚、科特迪瓦、加纳、多哥、贝宁、尼日尔、喀麦隆、赤道几内亚、中非共和国、刚果（金）、塞拉利昂、索马里、马达加斯加、萨摩亚、库克群岛、斐济、汤加、利比里亚、塞内加尔、乍得、科摩罗、南苏丹、瓦努阿图、哥斯达黎加、巴哈马、哥伦比亚、苏里南、秘鲁、圭亚那、玻利维亚、乌拉圭

• 八个双边税收协定未生效的国家和地区：
肯尼亚、卢旺达、安哥拉、刚果（布）、加蓬、乌干达、乍得、阿根廷

关于保险的问题，比如像汇率险就属于政策险，目前在中国信保的保险里没有这一条，未来我们可能要打造对外投资国家的保险制度安排，建立一个单独的对外投资保险制度，而且我们要加大宣传力度，要扩大重点行业和重点国家的清单。除了中国信保以外，也可以吸收更多的商业保险公司参与，增加竞争力度，提供更好的

保险服务。

未来要适应“一带一路”高质量发展的需要，我们也要构建与双边投资保护协定相衔接的国家境外投资保险制度框架，为企业国际化保驾护航。

关于政府完善“走出去”公共服务的建议之二

- **第二、构建较完善的对外投资国家保险制度安排**
- 一是加大对政策性保险的宣传和承保力度，扩大重点行业和重点国家清单；
- 二是可以在中国信保政策性保险公司之外，增加有能力有意愿的商业保险公司参与，适度竞争，有利于扩大对海外活动的保障面，改善服务；
- 三是从“保护海外投资”的根本考虑，与“一带一路”高质量发展相适应，构建与双边投资保护协定相衔接的国家境外投资综合保险制度框架，为各类企业的国际化发展保驾护航。

最后一个方面是公共信息服务，目前在这方面还有很大的合作空间和发展空间。政府要加速推动海外风险保障的研究、支持和预警等实务类公共服务项目；根据“走出去”的需求，加强能力建设，利用我们的公共服务平台和第三方专业机构开展专题讲座、针对性实训和综合培训，为“走出去”的企业提供政策推介、投资促进引导和安全风险防范方面的指导；除此之外，适时优化完善地方对于“走出去”的重点行业、重点国家、重点园区、重点企业的奖励、融资、保险与救援的支持政策。

关于政府完善“走出去”公共服务的建议之三

- **第三、鼓励地方商务部门因需制宜，积极探索“走出去”公共服务新模式、新做法**
- 围绕企业应对风高浪急乃至惊涛骇浪的研判，重点推动境外安全风险保障的研究、支持和预警等实务类公共服务项目；
- 围绕企业“走出去”的实际情况和需求，以持续提升企业“走出去”综合能力建设为基本目标，依托走出去公共服务平台和第三方专业机构，开展专题讲座、针对性实训、综合培训，分级分类实施“走出去”政策宣导、投资促进引导和安全风险防范实务指导等公共服务；
- 适时优化完善地方“走出去”重点行业、重点国家、重点园区、重点企业的奖励、融资、保险、救援等的支持政策。

实际上，企业“走出去”最大的一个难点是人才的匮乏，因为“走出去”尤其是到非英语的小语种国家，需要找到懂得国际贸易、国际法律、工程项目技术的复合型人才，这在我们目前“走出去”的过程中非常稀缺。所以，一个项目的成功可能更大程度上还是人的因素，未来无论从政府、企业还是地方平台上都要齐心协力，打造一个培养人才的支撑平台。

谢谢大家！

演讲人：刘华芹（商务部国际贸易经济合作研究院欧亚研究所所长）

扫码观看 演讲视频

5.2 “走出去”企业积极应对境外投资合规风险

摘要：企业“走出去”要建立合规管理架构，完善治理体系，要拥有自我发现、分析和完善的风险预警、识别和持续改进机制。另外，还应做好目标公司和东道国家的尽职调查，做到知己知彼。企业应考虑多元化的纠纷解决机制，通过协商、调解、斡旋等方式，争取在诉前实现友好解决。建议企业可以寻求专业团队为其保驾护航，并根据业务需要和自身发展阶段选择不同的合规人才战略。

尊敬的各位领导、各位嘉宾、各位专家老师，大家下午好！非常荣幸能够接到大会的邀请，有机会在这个美丽的季节跟大家相会在此，一起探讨企业在“走出去”的过程中所面临的合规风险，更为重要的是我们该如何有效地防范和应对这些风险。

首先，让我们了解一下中国企业出海合规的现状以及挑战，2023 年 5 月 24 日，美国国际贸易委员会收到一家美国本土企业的申请，决定对包括 25 家中国公司在内生产的一种可旋转绞线的血流限制装置产品提出“337 调查”，主张这些企业侵犯专利和商标权。“337 调查”是美国国际贸易委员会依据美国《1930 年关税法》第 337 条的有关规定，针对进口贸易中的知识产权侵权行为以及其他不公平竞争行为开展的调查。数据显示，近年来美国企业提起的“337 调查”案件中，中国企业的占比整体呈波动性上涨趋势。

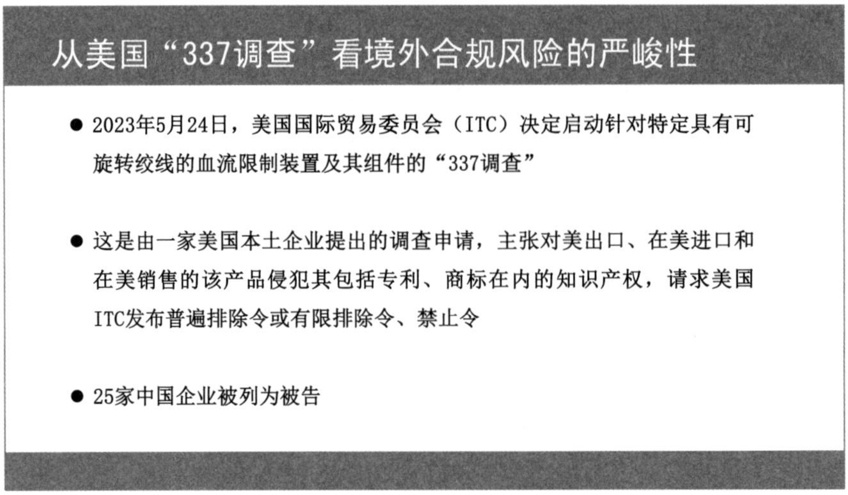

今年是习近平总书记提出“一带一路”倡议和深化实施的第十年，越来越多的中国企业融入经济全球化和区域经济一体化的市场进程中，同时我们正在面临百年变局，由于地缘政治和贸易关系等因素的影响，全球性危机频发，中国企业“走出去”遇到了前所未有的巨大挑战。合规管理是企业面向全球市场，应对全球化新阶段、新挑战的必修实践课，是企业“走出去”行稳致远的前提，是企业国际竞争力的重要体现。

有效应对风险的第一步是要识别风险，不同的行业在不同的投资环境及不同的发展阶段所需要关注的风险项是不同的。我们列举了企业在“走出去”的过程当中可能会面临的一些主要合规风险。

第一，政策和法规。2012 年，中兴通讯公司收到美国法院的调查函，2017 年以支付 8.9 亿美元的罚金就出口管制调查达成和解。自此，美国动用国家力量打压中国企业，陆续有多家企业受到出口管制制裁，被列入实体清单。国际政治关系给“走出去”企业带来的严峻挑战是不容忽视的，我们需要对整体国际环境、政策局势保持高度的敏锐和持续的关注。

第二，知识产权。知识产权是企业重要的无形资产，在“走出去”的过程中，企业会面临自有知识产权的保护以及侵犯东道国知识产权的风险。因为知识产权具有地域性，我们需要明确自身所拥有的技术以及东道国所要求的标准，提前布局申请，或进行有效合作的安排，这样才能避免不必要的成本和损失。我们所熟悉的大宝、大白兔等中国知名商标在美国、英国等国家遭受抢注，使得企业不得不放弃相关市场。上海英雄牌金笔的商标被日本商人抢注，所以在日本每销售一支笔都需要向商标的权利人也就是抢注者支付 5% 的授权费用，由此导致企业无利可图，无奈地放弃了日本市场。

第三，数据合规。2018 年欧盟正式实施《通用数据保护条例》（GDPR）之后，数据安全、隐私保护引起了各国政府和民众的高度重视。世界范围内众多国家通过加强立法和执法监督，提升数据安全治理能力。无论是数据、密码还是网络空间都具有国家主权性，双向合规的监管时代已经到来。没有企业能够在数字合规全球化的浪潮中独善其身，其中用户同意风险、数据跨境流动风险、数字营销风险等方面的合规风险以及网络攻击、黑客入侵和数据泄露等长期存在的风险，都要求企业在出海前进行好数据的安全自评估，建立用户权益保障机制，获取双向或多边国家的审批，推进完善产品服务营销等各个环节的合规工作。

第四，劳动用工。企业出海有可能面临着东道国家劳工人数限制的用工风险，许多国家对于外籍劳工数量设置了严格的比例，实施配额制度。比如中东国家沙特阿拉伯为了促进当地的就业颁布了沙特化就业分级制度，劳工部在划分各行业的就业等级时，不仅要求所雇佣的沙特阿拉伯籍员工数量，同时也要考虑员工的工资和女员工的数量。英国、马来西亚、柬埔寨等国家存在劳工许可证制度，外国劳工需要办理许可证，并且在许可证的范围内工作，同时还要办理签证、居住证等证件，否则就会被罚款。此外，企业还会面临宗教文化差异以及罢工等诸多风险。因此，我们建议出海企业要了解东道国的用工制度和条件，聘请专业的人士对当地的劳工政策和劳动纠纷进行谈判，做好合约条款的安排，比如要求被收购方也就是本地的合作方对某些劳工问题做出承诺和保证，一旦发生纠纷，方便分清责任。

第五，质量认证。企业一般在出海贸易模式和链条中会进行一些隔离安排，但即便这样，如果目标地是欧盟或者是美国，极有可能因为我们只是链条中的一环而遭到消费者的起诉，对产品认证瑕疵和产品质量问题承担连带的责任。如果认证不齐全，还有可能遭受行政机关的高额处罚。如果产品因质量问题发生严重的人身事故而召回，则企业的负责人将面临刑事责任。

第六，ESG 合规。ESG 以环境、社会以及公司治理三个方面为核心，是企业可持续发展的重要评级指标。各国对 ESG 理念与 ESG 投资的重视程度不断加深，全球 ESG 体系的发展也呈现出相关政策法规数量持续增长，监管要求日趋严格，信息披露日趋强势的态势。企业只有构建因地制宜的 ESG 合规管理体系，加强碳排放管理，全面提升自身的 ESG 表现，才能赢得进入海外市场的入场券。

企业在“走出去”的过程中还会面临其他的合规风险，比如金融、财税、外汇等。

面对这么多的合规风险项，我们该如何有效防范和应对呢？在此我提出了几点建议：

第一，建立合规管理的架构，完善治理体系。

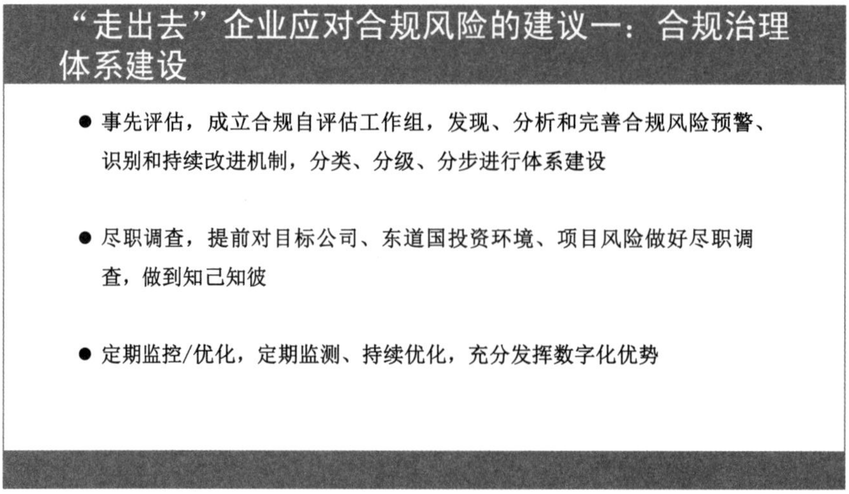

我们企业投出去的都是真金白银，当然不希望这些真金白银付诸东流，更不愿遭受巨额损失甚至丧失投资的机会。这就要求我们把所有的事情都尽量做到前面，建立合规治理体系，拥有自我发现、分析和完善的风险预警、识别和持续改进机制，针对不同的合规风险，制定防控措施，并对措施的有效性进行定期的监控，及时地加以改进和优化。另外，还应当做好目标公司和东道国家的尽职调查，做到知己知彼。

我们曾为一家互联网教育企业提供出海合规服务，包括其平台资质、商标版权的部署以及用工机制的安排、数据出境，等等，一共有 10 个合规项。因为这个公司要在美国上市，合规要求非常高，但并不是所有的企业都需要在某一时间完成所有的合规项。企业应当根据自身战略发展的进程设置不同的优先级，按部就班地实现体系化合规的建设。

第二，企业应当重视合同的谈判和履行。

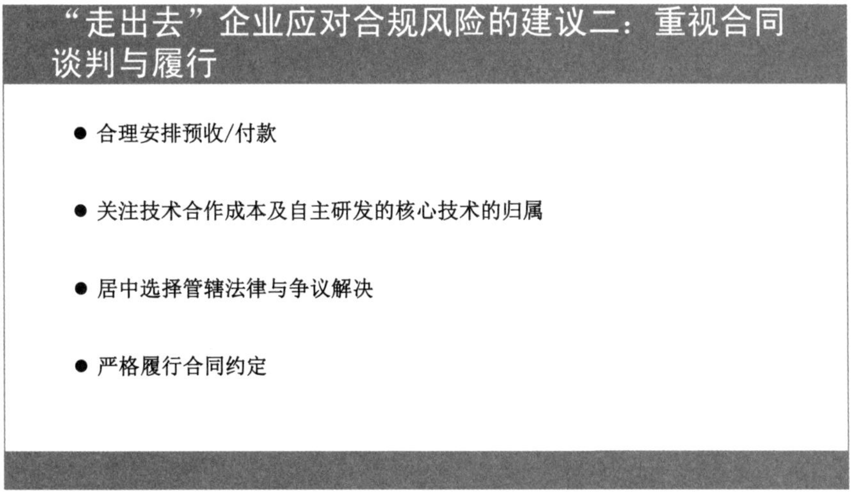

企业在海外投资的过程中，面临着很多合同条款风险，这就要求中国企业在“走出去”的过程中充分意识到合同的重要性。比如预收及付款的安排、技术许可过程中的成本计算，有可能一个很小的疏忽就导致采购元器件增加不必要的成本。更可怕的是，自主研发的核心技术在疏忽或不经意间就共同归属于合作伙伴，从而丧失了自主的权利。在选择管辖法律和设置争议解决机构时，应当注意避免东道国既当“运动员”又当“裁判员”，有些国家的诉讼成本非常高，比如在印度，一个诉讼案件可能长达二十年之久。因此，建议企业建立多元解决的机制，通过协商、调解、斡旋等方式，在诉前实现友好的解决。仲裁和诉讼之间，建议优先选择仲裁。我们之前服务过一家在巴西建厂的央企，他们仲裁量的占比高达 90%，而诉讼只有 10%，因为仲裁作出的裁决可以通过《纽约公约》实现跨境的承认与执行，《纽约公约》现在一共有 172 个缔约国。另外，仲裁还可以灵活地选择有利于我们的语言以及仲裁员，对于在海外投资的企业来讲，是更为公平的。争议的出现是贸易发展的必然，一定要事先安排好相应的条款，避免因为诉讼而导致巨额的成本和损失。最后，严格按照合同约定履行也是我们尊重契约精神和规避风险的重要一环。

第三，寻求专业团队为企业保驾护航。

保障合规体系的有效运行绝对离不开人才的配备，企业应根据业务需要和自身发展阶段选择不同的人才战略。初期可以充分发挥第三方专业机构的作用，聘请专业的财税、法律专家，为企业提供全方位的服务。当业务发展进入到稳定期后，可以考虑搭建本地化的团队，设立国家或区域的合规官，内外资源协同合作，将出海带来的法律、文化、语言等不利的因素转变为有利因素。去年我们在为一家出海欧盟的电商企业提供法律服务时令我印象极其深刻，他们的创始人非常重视合规，多次强调企业出海一定要把合规作为一个专项的长期的事情来做，并且由了解东道国法律和文化的专家团队提供有力的保障，这是"走出去"的企业一定要重视的部分。

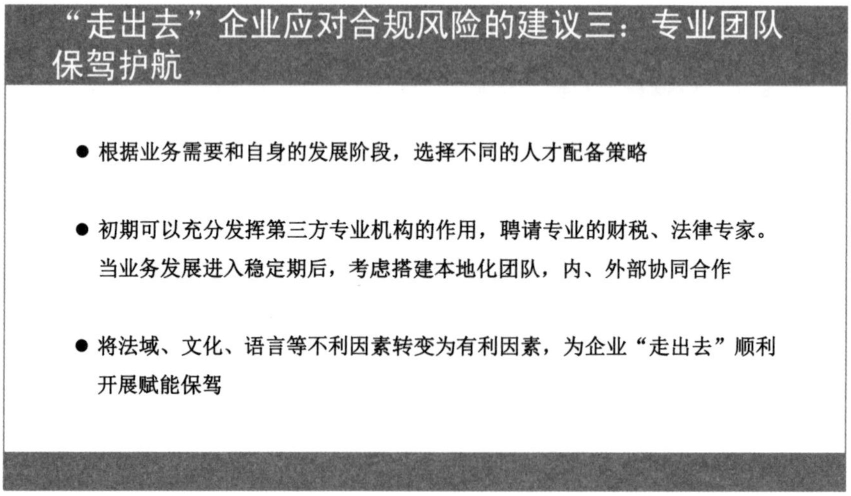

合规建设已经成为出海企业的必修课，由于不同国家、不同行业所面临的风险不同，建议企业运用本地化思维，重视友商经验学习，做好事先充分的论证和预防，根据战略发展达成情况，动态化地调整投资比例，把握好投资节奏。在严峻、复杂、多变的国际环境下，中国企业必须树立对外投资合作的整体合规观念，强化

合规风险防范意识，提升风险管控能力，只有这样我们的企业才能行得更稳、走得更远。

以上是我今天的分享，再次感谢各位聆听，感谢组委会的邀请，希望后续有机会能够跟大家更多地交流，谢谢！

演讲人：王娜（中国国际经济贸易仲裁委员会仲裁员，高文律师事务所律师）

扫码观看 演讲视频

5.3 企业汇率风险管理优化 促进市场主体稳健经营

摘要：在全球金融市场不确定性加剧、汇率波幅加大的情况下，企业建立适合自身的汇率管理制度十分重要而且必要。企业将外汇风险敞口控制在一个合理的范围之内，并且建立合理的汇率风险管理制度，才能够有效管理、控制或者是减弱汇率波动对于企业经营的影响。管理部门一直致力于降低综合套保成本，强化金融机构的服务能力，便利企业的外汇风险管理。

各位专家、各位来宾，大家下午好！感谢会议主办方邀请国家外汇管理局外汇研究中心来参与此次中国企业"走出去"风险发布会。受到中心的委托，我今天主要从企业汇率风险管理的必要性、企业建立汇率风险管理机制以及外汇市场金融基础设施持续完善这三个方面和大家进行分享和交流。

首先，开放经济条件下货币汇率双向波动是常态，企业有必要进行汇率风险管理。

当前国际经济金融环境日趋严峻复杂，金融风险上升，各位专家的解读当中也都提到了这个问题。今年 4 月份国际货币基金组织（IMF）发布了《世界经济展望》报告，特别强调未来经济前景的不确定性，并且预计 2023 年全球经济增速仅为 2.8%，同时预计未来五年全球经济增速将保持在 3%左右，这个水平低于过去 20 年的平均水平。特别是去年以来主要发达经济体货币政策转向，这种转向带来的风险溢出效应至今仍在持续地发酵和影响新兴市场国家。

IMF 同样在今年 4 月份发布了《全球金融稳定报告》，指出全球金融稳定的风险也在显著上升。受此影响，2022 年以来全球主要货币汇率波幅加大，美元指数在 2022 年升值了 7.8%，并且在去年 9 月底的时候创出了近 20 年的高位，进入到今年以来，美元指数也是在 100 元以上的高位振荡徘徊。根据国际清算银行公布的全球 38 种非美主要国际货币的货币汇率来看，2022 年全球 38 个主要非美货币当中对美元升值的只有 7 个，剩余 31 个货币都是对美元贬值的。阿根廷比索对美元贬值超过 40%，土耳其里拉对美元贬值将近 30%，此外，像英镑、日元、印度卢比对美元贬值超过 10%，欧元对美元贬值接近 6%。进入今年以来，上述主要货币持续保持双向波动，部分汇率波幅有所增大。自 2015 年"8·11"汇改以来，人民币一直在合理均衡的水平上保持基本稳定，但同时我们也要看到人民币汇率双向波动更加常态化，人民币汇率弹性进一步增强。

因此，在全球金融市场不确定性增加，汇率波幅加大的情况下，企业建立适合自身的汇率管理制度十分重要而且必要。企业将外汇风险敞口控制在一个合理的范围之内，

开放经济条件下货币汇率双向波动是常态
企业有必要进行汇率风险管理

- **国际经济金融环境日趋严峻复杂，金融风险上升**
  - 当前全球经济增长放缓，通胀水平仍居高位，货币市场波动明显，美元高位震荡，不确定性有增无减
  - 特别是2022年以来主要发达经济体货币政策转向带来了风险溢出，对全球经济金融秩序的冲击仍在持续发酵
- **2022年以来全球主要货币汇率呈现较大波动**
  - 2022年全球38个主要非美货币中，对美元升值的有7个，对美元贬值的有31个；今年以来，主要货币汇率保持双向波动
  - 2015年“8·11”汇改后，人民币汇率弹性进一步增强

并且建立合理的汇率风险管理制度，才能够有效管理、控制或者是减弱汇率波动对于企业经营的影响。

具体来看，管理汇率风险有三重好处：

一是控制汇率风险可以降低企业的经营成本和利润的不确定性。这也是大多数企业开展汇率风险管理的出发点和落脚点，如果企业因为汇率的波动而承担了额外的重大损失，通常会对业绩指标、股东收益甚至企业估值产生不利的影响。

二是管理汇率风险也可以减少对会计报表的影响，包括可能通过汇兑损益影响利润表，也可能通过对外投资合并报表影响企业的资产负债表。

开放经济条件下货币汇率双向波动是常态
企业有必要进行汇率风险管理

- **在全球金融市场不确定性增加、货币汇率波动性上升的背景下，企业建立适合自身的汇率风险管理制度重要且必要**
  - **降低经营成本以及利润的不确定性：**良好的净利润是企业经营有力的表现，如果企业因为汇率波动产生意外的重大损失，将对业绩指标、股东收益、企业估值等产生影响
  - **减少对会计报表和关键财务指标的冲击：**汇率波动可能通过汇兑损益影响利润表，也可能通过海外投资合并报表影响资产负债表。企业需要避免或弱化汇率波动对财务报表的冲击
  - **平滑和保护企业现金流：**进行汇率风险管理，有效平滑汇率变化对企业经营状况的影响，从而降低相关负面后果，也是实践中企业对冲风险的重要考虑因素

三是控制汇率风险可以平滑和保护企业的现金流。进行汇率风险管理能够有效地平滑汇率变化对于企业现金流的影响，也是实践当中企业对冲风险的一个重要的考量因素。

其次，企业开展汇率风险管理应该强调专业性，建立行之有效的汇率风险管理机制。

大家谈到汇率风险管理的时候，第一个想到的就是套期保值操作。外汇风险管理专业性比较强，须建立有效的风险管理机制。为了帮助更多企业完善汇率风险管理的工作，2022 年 7 月，国家外汇管理局发布了《企业汇率风险管理指引》（简称《指引》），《指引》涵盖企业开展汇率风险管理的全流程的操作，并且为涉外企业建立行之有效的汇率风险管理机制，提供了一个有力的参考。

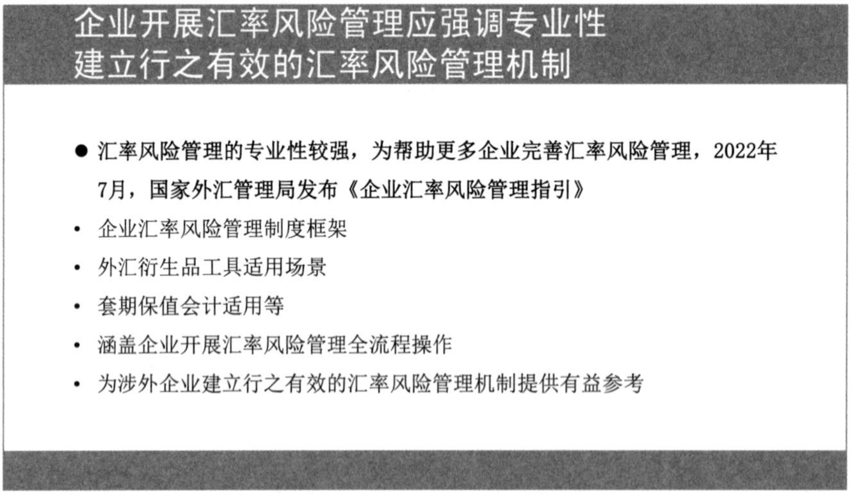

从管理原则来看，企业进行汇率风险管理的原则可以用四个词概括，分别是降低风险、简单适用、考虑整体性和强调纪律性。

一是要降低风险敞口、降低波动性来锁定成本。汇率风险的管理其实不应该过分强调增值或者是追求正收益，否则有可能会增大风险。企业在选择套期保值工具的时候也应当结合基础交易的实际需求来决定套期保值的方向、币种、金额以及期限等一些基本的因素。二是要做到简单适用。简单来说，选择的汇率风险管理工具要与企业自身经营能力相匹配。三是要考虑到整体性。汇率风险管理其实考验的是企业的整体管理能力，应当基于企业总体的净风险敞口制定相应的管理策略，不要过分地关注个体交易或者是某一类基础资产的情况。四是要强调纪律性，这里说的纪律性是指要以制度代替主观决策，以客观的纪律代替相机抉择，这样才能将汇率管理操作均质化，不受到主观预判的干扰，也不要根据汇率的变化而随意调整自己的套期保值组合，或者是偏信了某些汇率走势的观点而出现追涨杀跌的行为，这样的行为往往使得企业的汇率风险进一步增大。

企业开展汇率风险管理应强调专业性
建立行之有效的汇率风险管理机制

- **从企业汇率风险的管理原则看，企业要做到降低风险和简单适用，强调整体性和纪律性**
- **降低风险敞口**就是通过降低不确定性进而降低风险、降低波动性、锁定成本。强调增值，追求正收益，就会增大风险敞口和波动性，进而增大不确定性和风险。
- **做到简单实用**，选择汇率风险管理工具应回避与自身业务能力不匹配、过于复杂的外汇衍生品，防止因套期保值工具运用不当放大风险。
- **考虑整体性**，应基于企业总体净风险敞口制定管理策略，而非个体交易或单个基础资产，牵涉多个部门，应密切配合，确保风险敞口测算的准确性。
- **强调纪律性**，以制度代替主观决策，以客观纪律代替相机抉择，将汇率风险管理操作均质化，不受主观预判的干扰，不根据汇率变化而随意调整。

从管理框架来看，应当从完善风险管理机制、强化风险识别与分析、制定匹配能力的套保策略三个方面来入手。

第一个方面，完善企业的风险管理机制，包括制定适当的操作规程，从内控的角度来完善风险管理机制，确保风险敞口的全覆盖。同时，企业内部也需要落实分工，可以考虑建立汇率风险管理的决策机构或者是执行机构。内部架构要互相制衡，能够对套保情况进行定期或者是不定期的评估。

企业开展汇率风险管理应强调专业性
建立行之有效的汇率风险管理机制

- **从企业汇率风险的管理框架看，应从完善风险管理机制、强化风险识别与分析、制定匹配能力的套保策略等三方面入手**
- 完善管理机制：制定适当的操作规程、企业内部要落实分工、内部架构要适当制衡。
- 强化识别分析：分析各类业务存在的汇率风险因素，为套期保值提供依据。
- 制定套保策略：合理制定套期保值方案、合理选择套期保值工具、合理选择币种与期限。

第二，强化风险的识别与分析，要求企业应当认真全面地分析自身各类业务当中存在的汇率风险，为制定后期的套保策略提供丰富的素材和依据。

第三，要制定与能力相匹配的套保策略，因为汇率风险管理本身就是一项专业性非常强的工作。企业初期在制定套保方案的时候可以设置简单易行的固定保值策略，其实就是以一定的百分比对自身的风险敞口进行套期保值，积累一定经验，可以采用动态优化策略。套保工具的选择上，在业务初期可以选择基础产品，比如普通的远期、普通的期权，避免选择与自身业务能力不匹配、特别复杂的一些套期保值产品。

具体到产品选择，人民币外汇衍生品的运用现在大致可以分成 6 个组合。第一种就是全额交割的远期，适用场景主要是企业锁定出口业务的一些收益或者是境外采购的一些成本，以及偿还外债的一些成本。第二种是差额交割的远期，适用的范围相对广一点，比如企业的对外直接投资，可以锁定投资成本或者是锁定缴纳关税的成本，同时部分也适用于境外采购，或者用来对冲集团财务报表合并时由于汇率波动而产生的损失。第三种是人民币的外汇掉期，主要是适用于企业在未来一段时间的近端和远端，在企业出口或者融资过程中，通常近端需要结汇，远端需要购汇，这种情况下可以使用外汇掉期进行套期保值。第四，货币掉期，主要实现当企业存在外币贷款的时候，可以用来还债利息的套期保值。第五，外汇期权，期权实际上是一种选择权，适用于企业在预计自己未来外汇收支的时候愿意付出一定的成本，用来规避当汇率波动不利于自己的时候可能产生的损失，也可以用来保留当汇率有利于自己波动的时候享有额外的收益。所以，期权本身是一种选择权，当然这种选择权是需要一定成本的。第六，各类组合，尤其是期权的组合，这种组合适用的范围比较广泛，但同时对于企业自身的套期保值经验也提出了比较高的要求。

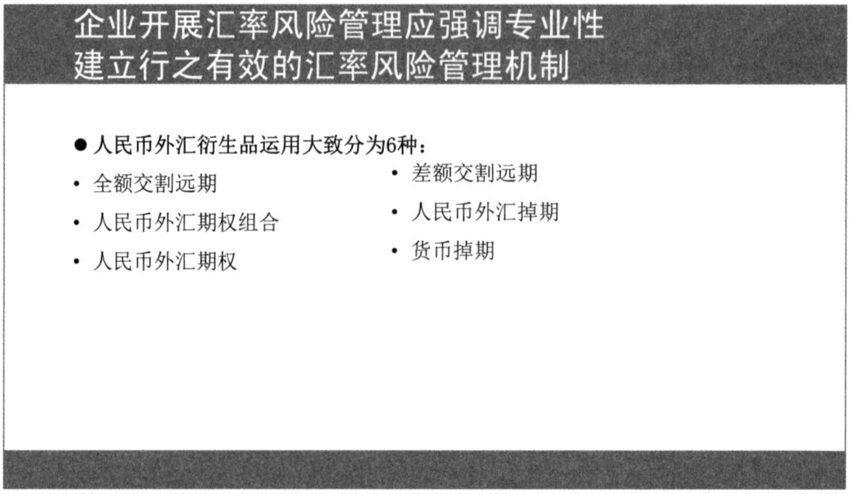

最后，外汇市场金融基础设施将持续完善，更好服务企业汇率风险管理。

第一，产品和体系不断完善，能够满足企业风险管理的需求。目前我国外汇市场产品体系比较成熟，银行间外汇市场可交易货币已经扩大至 29 种，在银行柜台的挂牌货币已经超过 40 种，基本涵盖了我国跨境收支的结算货币，可以满足企业跨境投融资产生的汇兑和避险需求。

第二，外汇管理部门一直在利用新闻发布会、纸媒、广播、银行网点、自媒体等多种渠道开展汇率避险的宣传，包括发布案例、进行企业的走访、开展专项培训，持续引导企业积极开展汇率风险管理工作。因此，如果企业有相关需求，建议多多关注相关管理部门发布的官方信息。

第三，管理部门一直在降低综合套期保值成本，强化金融机构的服务能力，便利企业的风险管理，比如推出了一系列减费让利的惠企措施，探索了新的汇率避险成本的分摊机制，引导银行优化中小微企业外汇衍生品的授信和保证金管理，并且推动汇率避险业务的数字化转型。目前，多家银行已经实现外汇即期和衍生品线上交易的全覆盖，意味着企业可以根据自身的需求随时随地高效率地在线上开展汇率避险操作。

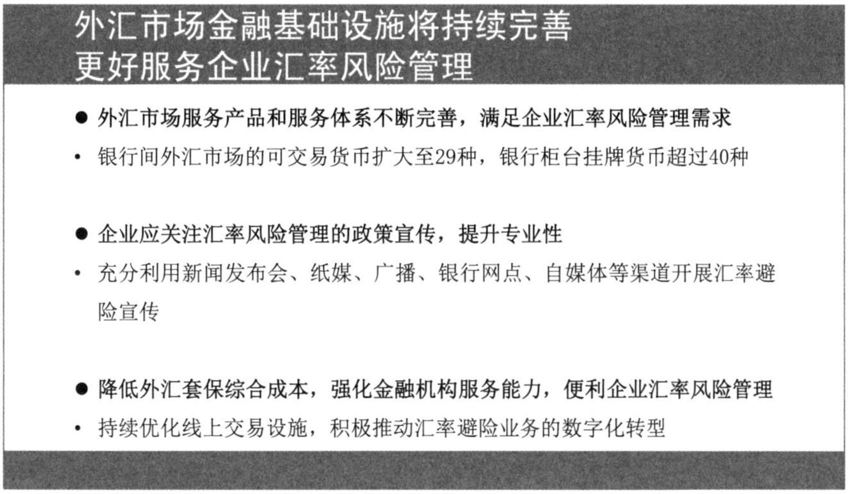

总体而言，面对国际金融形势的高度不确定性和汇率双向波动的常态化，我们建议企业应当主动管理汇率风险，建立行之有效的汇率风险管理机制，从而更加安全、高效

地"走出去"，以上就是我的分享。

最后，祝论坛圆满成功，谢谢大家!

演讲人：田园（国家外汇管理局外汇研究中心研究员）

扫码观看 演讲视频

5.4　后疫情时期助力企业应对“走出去”保险管理的新挑战

摘要：在当前变化巨大的保险市场环境下，企业保险管理面临的挑战相对应也是非常大的。从过往实践来看，企业“走出去”前或项目签约投标前的保险事前管理非常重要。针对“走出去”企业的不同特点，要重点关注国内外保险市场的一些变化，重视保险闭环管理，同时，越来越多的企业需要进行保险集中管理，以更好地发挥规模化管理的优势。

尊敬的各位领导、各位嘉宾，非常荣幸受组委会的安排，与大家分享一下我们对中国企业“走出去”保险管理方面的一些观点。

今天听了众多嘉宾的精彩发言，我非常受启发。从大家的发言中可以看到，疫情三年，企业“走出去”的市场环境变化是非常大的。我们服务了很多“走出去”的中国企业，现在很多企业对于“走出去”的环境变化感知是强烈的，从保险管理的角度来讲，最大的体会就是涨价，即保险的价格上涨非常明显。我们业内有人讲“没有保险保不了的风险，只有你出不起的价格”。但当你保险的赔偿限额跟保费差不多的时候，可能已经丧失了保险基本的原则和利益。在当前变化如此之大的市场环境之下，我们企业保险管理的挑战相对应也是非常大的。

目前从中国企业“走出去”市场变化的情况来看，中国企业的韧性还是非常强的，特别是在三年疫情过后，今年上半年的表现特别明显。近期在去境外出差的飞机上看到

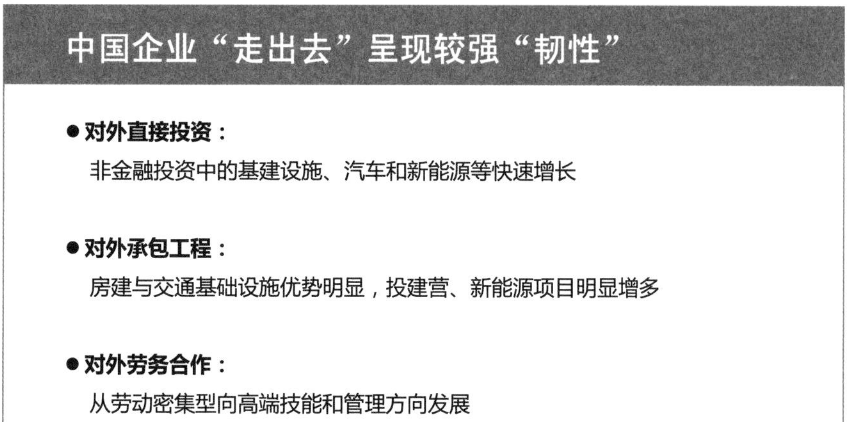

了很多中国人的面孔，在国外见到了很多中国人的身影，说明我们的活力依然还在。但是对于整个境外保险市场的管理以及企业自身的感受来说，矛盾是一直存在的。在目前的情况下，保险涨价问题非常明显，对有保障需求的企业来讲是非常难的。反过来对全球保险市场而言，也是很难的，突出表现为一些小的项目，一些保险公司可能不太愿意保，而难的项目又保不了。主要原因可能是疫情期间一些主要的承保力量消失了，或者是某些保险公司经营的范围和险种发生了比较大的变化，包括保险公司对自身利润考核的要求相较以往比重大很多。

疫情后“走出去”保险市场供需矛盾进一步加大

- **“走出去”企业的需求：价格敏感度提升、企业差异化加大**

1. 外部风险显著加大
2. 企业经营成本压力大

- **全球保险市场的供给：小业务不想接、难业务接不了**

1. 全球保险市场价格上涨20%以上
2. 特殊项目的全球承保能力大幅度下降
3. 国内保险公司对“利润考核”更加关注

具体如何应对所出现的困难？我们一直在协助很多企业探讨解决这些难题。比如疫情后现在保险市场的涨价问题，平均保费上涨 20%，有的项目可能涨得更多，在我们具体经营过程当中，可能首先要对市场做出一个准确的判断，进行保费预算。此外，违约风险加大，特别是一些特殊项目、涉及特殊责任或特殊险种，即在项目的合同体系中有这三个“特殊”的存在，那么在谈判中如果没有重点关注到，合同签约后很可能会出现违约风险。这方面很多企业是吃过亏的，在此前我们给一些企业提供具体服务的过程中，发现有签约之后执行不了的情况，或者即使要去执行，可能成本要加倍，甚至是三倍的情况。最后，多种原因所导致的保险索赔难的情况越来越突出。之前可能是因为疫情的关系，事故发生后，人工、材料、运费都涨价，造成索赔额超预期，比正常情况要扩大很多，所以，保险公司对理赔材料的审核会更加严格。而且在疫情期间有很多保险的险种不得不在项目所在地进行采购，但是很多企业可能对项目所在地的保险市场是比较陌生的，这个过程当中往往会造成一些误解，会造成我们保险索赔难的现象频频发生。

从我们给企业服务的具体实践来看，企业“走出去”之前或者是项目签约投标之

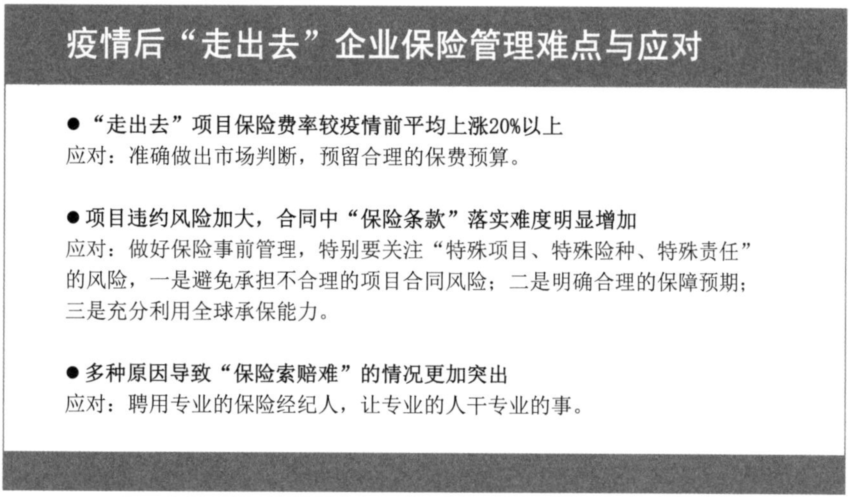

前的保险事前管理非常重要。有些项目在招标的时候，合同规定中有一些不那么常规的风险事项，要求我们的企业来承担，企业如果对此没有重视，签约后就会有产生严重后果的隐患。或者，企业按照常规去采购保险，但是保险市场可能已经发生很大的变化，因此要考虑保险公司对计划采购的风险保障或赔偿额度是不是还有承保能力，企业最终所需要花的成本究竟是多少。企业事前的保险管理不到位，就可能会出现保险的预算要占到整个合同额接近 10% 的情况，远超常规的 1%、2%。我们发现近期保险预算的占比呈明显增长的趋势。

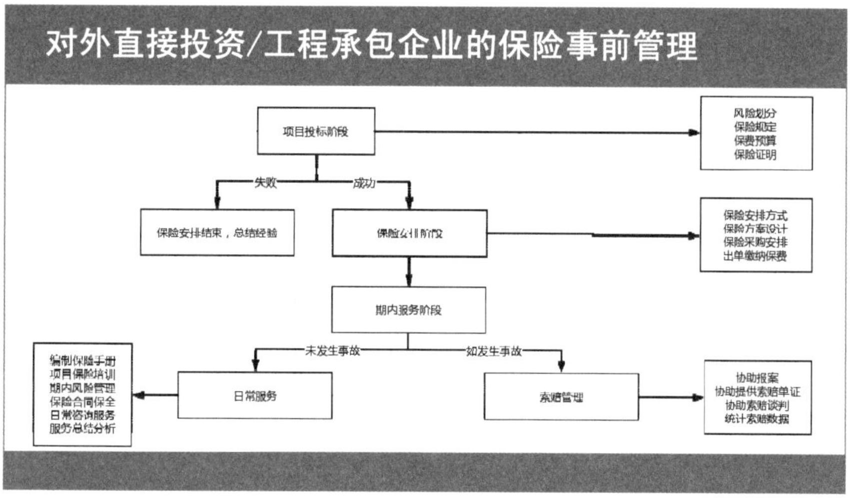

针对不同类型“走出去”企业的保险管理，我们提出一些具体的建议。

第一，对外直接投资企业。这类企业的境外保险管理涵盖了整个项目的策划、设计、施工，甚至包括未来一定时期的运营，对全周期管理的预判要求非常高。有些企业

对外直接投资/工程承包企业的保险事前管理

从项目投标、合同谈判时就要重视保险管理

例如：某非洲工程承包合同要求乙方承担恐怖风险，并购买保险。

问题： 1.恐怖风险由乙方承担是否合理？
2.恐怖保险是否可顺利投保，保费需要多少？

签约后安排投保时，才发现保险成本高出预算很多。在投标阶段要做好保险方面的尽职调查，哪些险种可以在当地做，哪些险种需要利用全球的保险市场，哪些可以利用中国的保险市场来提供承保的支持。对建设阶段以及后续的运营阶段都要提前做出一些筹划。

关于对外直接投资企业疫后的保险管理建议

- **保险成本案例：某BOT项目合同规定中保险条款不合理，投保时保费超出预算30%。**

- **投标阶段：**开展保险尽职调查，评审项目合同中保险条款，规划必要的投保险种和路径，预留合理的保费预算。
- **开工前期准备：**明确建设期和运营期的投保险种及投保方，采购合同甲方负责的建设期险种，开工前办理投保手续。
- **建设阶段：**根据项目变化（造价、工期等）进行保险申报、批改，如出险及时报案和索赔，对合同乙方负责的险种进行保单审核和监督执行。
- **运营阶段：**提前6个月开始采购运营期险种，运营前办理投保手续。

第二，对外工程承包企业。这类企业所面临的保险管理频率会更加频繁或者后续需要进行保险管理的项目更多，其保险管理体系有待加强。过去三年有很多项目发生了延期，延期的过程中，相对应的保险管理包括风险管理体系是不是能跟上？有个境外项目在延期期间因暴雨遭受了损失，后来要索赔的时候才发现原来的保单延期手续没有做，这样的漏洞很常见。

第三，对外劳务合作企业。这类企业来也存在着类似的保险管理漏洞需要去补足，

关于对外工程承包企业疫后保险管理的建议

● **保单管理案例：工程因疫情延期，期间发生暴雨损失，保险索赔时发现未办理保单延期。**

- **项目投标：**选择专业保险经纪人，对承包合同中风险和保险条款进行评审，预留合理的保费预算。
- **合同谈判：**对合同中风险和保险条款进行细化谈判，明确保险安排路径。
- **项目开工：**合同签署后及时办理保险，开工后将保单提交业主审核。
- **建设过程：**根据项目变化（造价、工期等）进行保险申报、批改，如出险及时报案和索赔，对分包商的险种进行保单审核和监督执行。

类似的案例也常发生。在疫情期间，在海外的广大中国雇员压力很大，非正常死亡的比例明显增高，但是在传统的保险保障体系当中，很多企业对发生猝死的保障不是那么重视，发生类似事故，是否能够获得保险赔偿？后续的救援服务成本谁出？往往会出现落空或脱节。所以我们建议一定要做好人员出行前、出行期间以及出行后的一般事件和紧急事件的处理安排，这些都是我们的保险与风险管理实务的关键内容。

关于对外劳务合作企业疫后保险管理的建议

● **保障缺失案例：疫情期间项目人员猝死，人身意外险保单中未投保突发疾病身故责任险，保单附加的紧急救援服务也无法启动。**

- **统保采购：**选择专业保险经纪人，结合人员职业、国别等信息，量体裁衣设计保险方案、救援服务方案，采购并签订统保协议。
- **人员出入境：**及时申报人员增减信息，出具保单或批单，定期结算支付保费。
- **一般事件：**及时报案，一般情况下搜集和整理索赔材料，正常办理索赔。
- **紧急事件：**随时关注事件变化，第一时间启动紧急救援服务，包括伤员转移、遗体送返、绑架谈判、紧急撤离等。

最后，就企业“走出去”的保险管理实务，与各位分享三个小观点，提出三个小建议。

第一，要重点关注国内外保险市场的变化，特别是疫情后，我们需要更多地在项目所在地跟当地市场进行接触、进行投保、进行理赔、获得项目期内的服务，这些陌生的环境对我们的挑战是存在的，但是我们要去适应它。

第二，要重视保险的闭环管理，特别是要让它成为我们风险管理体系当中一个重要的环节。项目投标除了要做合同审核、法律审核之外，保险审核也是其中重要的环节。

最后，现在有很多“走出去”企业的规模越来越大，项目也越来越多，以往逐个项目的管理、投保、理赔已经不是最适用的管理方式，企业要进行保险集中管理，这样才能够更好地发挥管理规模的优势。

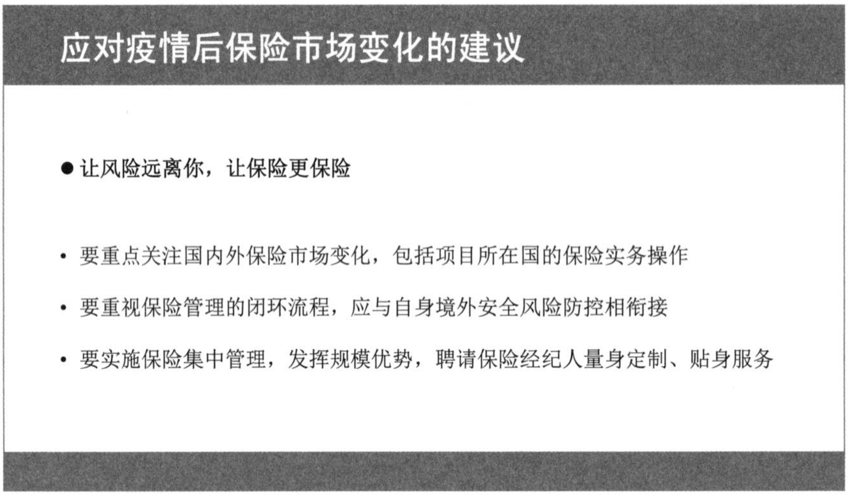

以上就是我的分享，谢谢各位！

演讲人：金振毅（商务部援外项目风险与保险咨询顾问、江泰保险经纪股份有限公司建设项目风险部总经理）

扫码观看 演讲视频

5.5　圆桌对话：从高质量境外安全资源保障看对外投资机遇与风险防控

发言嘉宾：

墨西哥驻华大使馆商务参赞　圣地亚哥·拖雷多·德哈

波兰驻华大使馆商务处三秘　石首夫

昇非园区中国区总经理　吴俊杰

中阿（联酋）产能合作示范园招商发展部部长　缪菲

中国天辰工程有限公司境外安全代表　李国瑞

江泰投资贸易服务（深圳）有限公司副总经理　窦锴

主持人：这一轮圆桌对话将聚焦共建“一带一路”倡议提出十周年，对于中国扩大和深化对外开放的需要有哪些？同时加强和亚欧非拉以及世界各国互利合作的需要有哪些？在经济全球化深入发展，全球价值链分工进一步调整的背景下，海外企业的机遇在哪里？有哪些曾经我们擅长的强项，现在可能面临着“强项不强”的危险，而哪些我们曾经已经放弃的空白领域，如今会诞生新的机会？高质量“走出去”的服务保障在哪里？境外风险又如何化解？接下来有请来自外交领域、驻外园区、驻外企业，包括来自江泰的专业人士，多角度为大家带来最前沿的信息和丰富的经验，共同探讨如何借助不同领域的优势，为“走出去”企业的安全与发展提供服务保障。

主持人：本次圆桌论坛将分为两轮讨论，第一轮讨论聚焦企业“走出去”积极参与“一带一路”，企业海外投资目前面临着哪些风险和新的机遇。第一个问题想采访圣地亚哥参赞，中国近十年保持拉美第二大贸易伙伴的地位，对拉美地区尤其是墨西哥而言，中国的对外投资会不会带来很多的机遇？

圣地亚哥·拖雷多·德哈：大家好，非常高兴参加今天的论坛。2022 年中国和墨西哥的贸易额达到了 1 300 亿美元，墨西哥变成了中国非常重要的贸易伙伴，中国是墨西哥第二大贸易合作伙伴，第一大是亚太区。墨西哥是一个非常重要的出口国，也是一个生产大国，我们 90% 的产品都是以出口为主的。同时，墨西哥是拉丁美洲第一大出口国，在这个区域里每生产出两个产品，其中一个产品就来自墨西哥。墨西哥是一个非常开放的经济体，跟多达 50 个国家签署了自由贸易协定，我们服务了全球 15 亿的消费者，他们代表了全世界 60% 的 GDP。

对中国企业来说，墨西哥最大的优势是投资的安全性，这得益于中国和墨西哥之间的密切交流和深厚友谊。将生产经营搬到墨西哥，可以使产品顺利进入北美市场，因为墨西哥也签署了北美自由贸易协定。这种战略性制造业"回流"，是当前环境下的必然选择，为生产制造和资源配置创造共享价值，还可以帮助企业减少地缘政治风险的影响，比如抵消疫情后期的一些次生风险、贸易风险或者战争风险。墨西哥经济部的数据显示，过去23年中国在墨西哥的投资超过20亿美元，最重要的是，近半数投资（约10亿美元）发生在过去四年中。这一趋势在未来还会持续，预计在未来的两到三年中，中墨之间的贸易额有望再增长20亿美元。总结来说，中国企业在墨西哥投资可以保证投资的安全性，减少交通物流的成本，同时可以更好地进入北美市场，因为墨西哥是有免税政策的，如果在中国生产产品，直接从中国出口到美国，要加征25%的税，最后我们还可以保证供应链的稳定性和劳动力的稳定性。

主持人：请教一下波兰使馆外交官石首夫先生，在当前的情况下，因为俄乌冲突还在持续，对中国企业来说，在中东欧投资面临的机遇和挑战是什么？

石首夫：非常感谢有这样一个机会在此发言。我们都知道当前全球面临诸多挑战，首先是新冠疫情，叠加金融危机和通货膨胀，还有欧洲的冲突，这样的状况对于投资者来说是一个额外的风险。但尽管有这些因素，去年波兰的外商投资增长率达到了23%。尽管我们目前还面临很多挑战，但全球的投资者仍然认为波兰的经济是稳定的，而且要进入欧洲市场，波兰是一个好的中转地。如果产品到了波兰，就可以进入到整个欧洲的市场，大家不用太担心法律合规的问题，因为我们跟欧盟是接轨的，我们的法律制度设计也是符合欧盟法律体系的。一旦企业的产品进入到波兰市场，就可以通过波兰向欧盟体系下的每一个国家进行销售。此外，波兰经济一直保持着稳定的发展态势，相较于疫情前其他欧盟国家，波兰经济增长居于首位。同2019年相比，2022年波兰的经济增长率是11%，创下欧盟地区最高纪录。现在在波兰有一个非常热的话题，那就是如果我们保持这样一个经济增速，到2030年的时候，波兰的人均GDP将超过英国。

主持人：接下来我们请教昇非园区中国区的负责人吴总，中非友谊源远流长，大家对中非合作想当然还是认为我们帮扶出资，包括给当地提供一些援助为主，但其实我们的利润也是有保障的，而且还会有很多蓝海等待去开发。所以，对最新的中非合作的进展情况，您怎么看？

吴俊杰：我先介绍一下我们的公司，我们的公司是昇非一体化产业园，我们的背景是新加坡淡马锡控股的一家公司，致力于在非洲发展，现在我们的园区是泛非洲的，从加蓬开始，到现在我们有 10 个园区，我们的愿景是在非洲创造 20 个园区。

我们的模式是和当地政府一起合资发展园区，因为我们要确保政府跟我们的利益是捆绑在一起的。每个园区基本的投资是 1.3 亿美元到 1.5 亿美元，确保整个基建配套都健全完善。严格来说，我们的模式跟一般园区的做法有点不同，我们的做法基本上是以当地的原材料为主，加工、提升再出口。大部分的中国企业包括国外的很多企业到非洲都是做原材料的出口，但是我们觉得在这方面，当地的机会非常大，而且当地也希望能够创造就业机会，这也是我们的愿景之一，在非洲给当地人创造 100 万个就业机会，我们的宗旨是希望不断地在非洲提升这个机会。而且我们现在发现，有很多国家也愿意把资源让出来了。为什么我们会和他们合资？前提是他们会给我们一手的资源，由我们再融资，让当地资源跟我们不同的企业家、投资者合作，创造当地就业机会，创造税收。

我们在非洲耕耘了 13 年，从 2010 年加蓬出口原木开始，其价格从 150 美元/立方基本涨到现在 700 美元/立方，这表示它的附加值提升了，就业机会也增加了。当地政府也看到了我们的工作，表示非常认可，相继地，贝宁、多哥、科特迪瓦、尼日利亚、塞拉利昂、刚果（金）、刚果（布）、卢旺达、乍得等都跟我们签订了合作计划，而且在不断发展中。两天前我们跟迪拜的一家公司签署了一项 1 亿美元的投资项目，在科特迪瓦进行腰果加工，为当地创造了 2 万个就业机会。

这说明什么？非洲有非常庞大的市场，年轻人口多，每五年非洲人口增长是 2 亿人，到 2050 年非洲人口将占全世界人口的 40%，而且大部分是年轻化的，这就是未来的市场。

出口贸易方面。非洲跟美国达成了《非洲增长与机遇法案》（AGOA），美国从非洲进口关税基本上为零。这意味着什么？我们知道中美经贸摩擦非常严峻，非洲是一个非常值得进行投资和转移产业的地方。目前来看，大家非常熟悉的东南亚，机会基本上饱和了，再往西边来看，跟中国友好，拥有广阔的市场，又可以直接去到美国这个大市场的，非洲是值得大家去探索的。在非洲，有 100 万中国人，这表示中国在非洲投资的热情是巨大的，而且这也将是一个趋势。

当然非洲也存在一些其他问题，比如物流问题，但是现在物流也在完善当中。非洲在建的港口有 14 个，其中 9 个是由中国公司投资的，这意味着什么？交通一旦方便了，物流、运输、出口、进口将大大提升。

从经济情况跟政治情况来看，非洲也逐步稳定，除了有些国家还有一些战乱。当然风险也是存在的，去非洲首先就要谈“三政”——政治体系要稳定、政府要有执行力、政策要明确到位。除此之外，其他考量因素，例如汇率稳定性，包括美元储备，也非常重要。只要按图索骥的把它做下来，就会发现有些国家值得进入，毕竟非洲这个热土已经逐渐地要转入到像中国改革开放早期的那个阶段，而且机会还是很大的。

对我们来说，非洲是值得中国企业去看一看，了解多一些，继续去深耕的。

主持人：接下来继续请教园区的代表缪总，近期外交的几个大事件都跟中东有关系，突然间觉得希望多了很多，包括中国在那里的影响力、话语权是不是有一个明显的提升？所以，在中东做生意，今年以来有什么变化？

缪非：大家都知道，这几年一些重要的新闻特别是今年的新闻报道都聚焦在中东，中东“大和解”是目前的一个热点。

以前中资企业在中东投资比较多，但是由于国别的限制和一些冲突国家之间的问题，很多企业没有在中东地区铺开。举个最简单的例子，阿联酋很早之前就有 40 万中国人，在人口不到 1 000 万的国家就有 40 万中国人在那里长期工作和生活。这几年随着“大和解”的希望显现，中国在经济方面的影响力正在逐渐显现，特别是我们还在阿联酋建立了我们的工业园区，阿联酋也是第一个和中国签署全面战略伙伴关系的中东国家。

我们要把中东视为一体化的市场，就跟东南亚和非洲一样。中东的整体消费能力在世界上是比较高的，各个行业的发展也是在继续往前推进中。它有一个很大的特点就是，产业链除了石油炼化之外，其他的基本上是靠进口，这为中国企业创造了很多机遇。迪拜是中东最大的港口，大量的中资企业通过迪拜中转到中东各个地方，包括转到东南亚、印度、非洲以及整个中西亚，很多大宗物品的交易在阿联酋都是排名世界前三的。但现在随着产业链发展的要求，很多企业开始把自己的供应链全部留在了阿联酋，因为当地人发现，在一些特殊时候，有钱不一定能买到粮食，不一定能买到药品，他们对这方面的国家安全有一定的担心，因此特别希望跟中资企业合作，因为现在欧美制造相对空心化一点，目前能够把制造业输出去，甚至标准上面可以跟欧美抗衡的就是中国。沙特现在也改变了一些标准，以前都是用美标、欧标，现在也开始要制定自己的标准，引进了大量中资企业到它的供应商体系内，之前全都是欧美企业，这是一个非常明显的信号。同时这两年中东对中国的投资也非常巨大，比如中国宝武钢铁到沙特投资，新闻发布会没多久就听到沙特在中国东北投了项目，再比如沙特一个比较大的公司——阿吉兰兄弟控股，在江苏积极进行布局和投资。目前两国的经贸关系是非常深入的。

另外，我们工业园区当时是国家发改委的项目，交给江苏省做推进。当时的目的就是打造一个海外投资的平台，因为不是每家企业的体量能够达到那么大，能跟当地谈一些政策或者需求，大部分的企业还是中小企业，我们希望可以给“走出去”的企业更多的支持，提供更多的服务，包括把江苏省一站式园区的服务引过去，把配套做起来，这样企业到境外发展只需要专注生产和经营就可以了，不需要再跟各个部门打交道。因为企业到一个新的国家去发展，不管是非洲、东南亚还是中东，跟政府打交道总是有先天上的劣势，这是必然的。但总的来说，阿联酋的营商环境在中东是比较好的，在多年世界营商环境排名中阿联酋都是中东区的第一位。

另外，阿联酋是一个没有短板的国家，但也没有特别突出的优势。比如在非洲，可能原料、人工会特别便宜；比如东南亚有一些当地的土地或者是当地政府由于对招商引资有需求，会开出特别好的政策。而阿联酋是比较佛系的一个国家，因为它自己一直发展得都不错，而且有足够的石油资源，人口又不多，这一点超过了沙特，沙特虽然富人很多，但是作为普通国民，他们的生活条件不如阿联酋，阿联酋是“从生到死”国家全包的，这一点沙特是做不到的。因此他们在生活上的压力也比较小。前段时间开会，阿方园区几个部门的小领导开的都是宾利车，尽管是在“土豪”国家，宾利车也还是比较贵的，总的来说他们生活条件都不错。现在只是希望工业化能够做起来。为什么跟中国合作？也是希望中国能够帮它打造自己的供应链体系、工业化体系。目前我们园区已经落户了 11 个大型的工业项目，有几十个投资项目，下一步会配合阿方，包括其经济部、投资部，把中资企业更好地引进到阿联酋去发展。这是我们下面的一个愿景。

主持人：提到中东投资，大家还会想当然地认为是以能源为主，尤其是有实力的央企、国企，但是卡塔尔世界杯，中国为它建了一个卢塞尔体育场，小到桌椅板凳，大到主体结构，还有为卡塔尔服务的新能源大巴车，全是中国产的。在这些工业化过程当中，你认为还有哪些领域是当地需求很大的，而国内正好是很擅长的？

缪菲：没错，因为它是个能源型国家，大家想是不是一些能耗型企业过去会很受欢迎？其实不是的。阿联酋政府现在推出一个很明确的计划，未来它的能源将要作为一种原料，而不是作为燃料，这是非常高瞻远瞩的想法。中资企业包括到我们园区投资的企业，大多数不是能源企业，更主要的是石油装备、精细化工，以及新能源。阿联酋政府对新能源包括风电、锂电池、储能、高压配电等都非常感兴趣。此外，很多智能制造、人工智能的企业，包括像无人驾驶汽车制造商文远知行也在我们那里落户，还有火箭发射的企业，总体而言是比较多元化的。阿方现在是多元化地吸引中国的产业过去，特别是石油装备、精细化工。为什么？因为以前北美地区是世界上最大的市场，订单量最多。但是随着贸易摩擦加征关税，很多中资企业走向中东，在中东还可以更换原产地再卖到美国去。另外，石油炼化、石油化工的很多企业本身其市场就在境外，又靠近原料地，他们愿意在境外投资。世界气候行动峰会将在阿联酋召开，阿联酋提出以氢能为主的发展方向，包括各种新能源的概念都在推广，国家马上也会打造一些统一的新能源部署网络，逐渐替代石油能源。

主持人：中国天辰工程有限公司的李总作为海外安全的专家，尤其是作为企业方面的负责人，企业这么多年在海外安全管理方面有哪些经验？

李国瑞：各位专家、各位嘉宾，大家下午好，我是来自中国天辰工程有限公司的李国瑞，我首先简单介绍一下我们单位。中国天辰工程有限公司是原化工部第一设计院，成立于 1953 年，这个公司以工程为先导，以研发为龙头，以产业为支撑，集技术研发、工程总承包、实业运营、国际贸易和投融资于一体的国际工程公司。目前我们的足迹遍及全国以及东南亚、中亚、中东、非洲、美洲等 30 多个国家和地区。当前我们公司在建的项目主要集中在哈萨克斯坦、伊拉克、土耳其、印度尼西亚、沙特阿拉伯等发展中国家的偏远地区，大多医疗物资相对比较匮乏，基础设施不太完善，这些都给项目建设带来了一些风险。我们在安全管理过程当中，一再强调要建立成体系的安全管理，江泰救援提供的服务就是我们安全管理体系的一个重要组成部分。举一个例子，2022 年 3 月 14 日，哈萨克斯坦发生了内乱，导致 230 人丧生，而在这次内乱当中，我们的哈萨克斯坦石油化工一体化（IPCI）聚丙烯项目就在这个动乱区的隔壁，事件发生之后，电话、网络、通信设施全部中断，我们跟现场的联系也一度发生中断，当时江泰救援公司第一时间跟属地员工取得了联系，帮我们搜集当地事态变化的相关信息，为我们进一步采取相关的措施提供了有力的支持。

我个人认为，第一，对于企业来讲，我们对境外安全信息的获取能力相对不足。企业对于境外各个国家风险的识别能力比较有限，在收集相关信息、情报方面的投入不会很大，但对于一些新投资的境外项目，如果对风险的认识不充分，可能就容易造成一些相关的损失。

第二，要特别重视境外社会治安条件。一些国家和地区存在恐怖袭击或者是抢劫、绑架相关的风险。我们就有同事遇到过偷盗以及抢劫的情况。我们在有的地区进行项目建设，人员出行全部配有专用的防弹车，有专职的持枪保安进行全程护送。

第三，我们企业的应急处置能力相对不那么完善。作为外来企业，我们一再去加强人防、物防、技防相关的措施，我们的生活营地，要求尽可能选择使馆区或者是靠近紧急避难所的地方。我们的印度尼西亚分公司就选在使馆区，巴基斯坦的分公司也是紧挨着警察局。

因此，我们希望境外的中方企业要抱团取暖，要抱团出海。

另外，落实属地化经营，我们也在加大努力，尽可能地做好属地化经营，一个是解决当地的就业，另外也能跟当地的关系更加融合。

基于境外的安全风险管理，我提一点建议。重点是在意识上，但核心是落实，要尽可能全面地思考，在评估、培训、安全应急预案以及应急演练，包括联防联控的基础上做好相关保险的保障，可能会对我们的整个工作更加有利。

主持人：第一个环节的最后一个问题抛给窦总，优投网一直为中国企业“走出去”对外投资方面提供保障，尤其是境外安全风险管理方面的保障，多年来积累了很多经验。疫情前是什么状况，疫情期间有什么变化，疫情后又有一些什么进展，能不能跟我们分享几个您觉得有代表性的案例？

窦锴：感谢主持人，感谢论坛，让我个人有机会代表优投网在这里跟大家分享一些我们“走出去”的经验和我们的一点心得体会。对外投资跟境外安全风险防范本身是一枚硬币的两面，正如论坛致辞中沈主席所讲的那样，当前的国际环境存在着不安全、不稳定的一面，但“走出去”的趋势不可逆转。高质量的“走出去”就需要高水平的境外安全风险防范，下面就从境外风险防范上来谈几点我个人的体会，供企业参考。

第一，对外投资要审慎决策，切勿盲从跟风，要用好第三方服务，高度重视第三方服务的作用。在这一点上，我们很欣喜地看到在广东、江苏、新疆等几个重点地区的商务部门已经注意到了这一点，他们通过政府购买第三方服务的形式服务辖内的企业，助力辖内企业降低对外投资的风险，取得了很好的效果，这是一个应该提倡的模式。

从“走出去”企业本身来讲，专业的人做专业的事，把专业的对外投资服务委托给专业的第三方，也应该是“走出去”企业对外投资安全风险防范的基本思路之一。

第二，一定要发挥产业园区在对外投资过程中的避风港作用。产业园区有比较完备的配套设施，可以给“走出去”企业提供产业链上下游的紧密融合和促进，同时它完善的综合服务也能一站式地解决企业“走出去”过程中包括公司注册、清关中的一系列的问题，可以有效降低公共风险。

第三，企业“走出去”应该要合理选择区域。随着 RCEP（区域全面经济伙伴关系）的全面实施以及中国中亚峰会的胜利召开，我相信在未来的一段时间，在相应的东南亚、中亚区域一定会有很好的投资机遇，同时也能为企业提供很好的政策保障。在这些区域进行投资，风险可以降低到可控的程度。

主持人：接下来进入第二轮的交流当中，请大家对刚才的发言做一个总结。给中国

“走出去”企业、“走出去”的投资者提出一些建议和期待，他们在自己所熟悉的领域和所熟悉的园区，应该注意哪些问题？有哪些操作的原则和规律？

圣地亚哥·拖雷多·德哈：在过去的几年当中，我们和挑战共处，包括疫情暴发、物流中断，还有武装冲突。制造业企业艰难前行，供应链的脆弱性凸显，全球物流受阻。但面对重重挑战，大多数公司都挺过来了。目前，公共卫生和物流危机已经解除，制造业企业有机会重构未来发展战略，重新布局区域分布、降低对价值链的干扰，确保物流供应更靠近消费者。

据联合国贸发会议发布的《2022 年世界投资报告》显示，中国现在已经是全球第四大投资方，仅次于美国、德国、日本，中国的年均投资在 2021—2022 年度已经接近 1 500 亿美元。

中国是构建全球供应链非常重要的一方，中间产品产能巨大，是后疫情时代世界秩序重要的参与者与制定者。

因此，中资企业海外投资的机会是非常大的，但是投资接受国也需要一起努力来创建良好的环境，使得我们的投资企业能有保障，能够勇于把他们的业务转移到相应的地区。我们需要考虑通信、基础设施、法律的稳定性，良好的人力资源以及投资保护的政策。

像墨西哥这样的国家，正在努力地营造良好的国家投资环境，我们非常愿意接受来自中国的投资，成为中国在美洲的制造业中心。

石首夫：波兰政府为吸引更多的投资而努力，我们不仅设立了经济特区、工业园区，并且将整个国家都打造成为一个特别投资区。如果企业的投资额巨大，并能够创造一些当地就业机会，企业所得税可获得长达 15 年的减免，这是我们中央政府推出的刺激计划的一部分。

另外一项重要政策是税收协定。如果外资企业投资超过 2 500 万欧元，就可以直接跟我们的财政部签订协议，享受相关的优惠。企业可以清楚知道具体的税收减免金额，以便更好地制定未来发展战略。我也鼓励各位跟我们在上海的波兰投资贸易机构进行联络，他们负责跟来自外国的投资商进行接洽，可以通过他们了解很多的信息，此外，我也可以为大家提供波兰财政部的联络方式和政策信息，包括如何签订税收协定。

缪非：境外风险包括三个方面：一是政治风险，二是经济风险，三是人身安全风险。说一千道一万，这三个问题是最主要的。企业境外投资一定要选择一个国别政治稳定的国家。这是为什么我们园区选择政治稳定的阿联酋的原因。

另外，企业出去是为了挣到钱，并且能够拿回来，放到安全的地方，但是大部分的国家现在都有外汇管制或者是其他一些管制问题，但阿联酋没有。此外，人身安全方面，阿联酋也是世界上最安全的地方之一。

另外，阿联酋有严格的劳动法和劳工保障制度，居民的生活是有很大的保障的，包括医疗、教育等方面。我认为“一带一路”上一个重要的节点国家就是阿联酋，不是因为我们在做这里的园区，十几年前我在境外的时候就觉得，如果对一个国家的国别风险进行整体评估的话，阿联酋是没有短板的，是最适合中资企业“走出去”投资的地方。

窦锴：我非常认同刚才两位参赞以及缪总的观点，优投网之所以强大，就是因为有我们这些高水平的合作伙伴，他们的服务能力和他们对投资的见地，这才是真正能够帮助到中国“走出去”企业的关键。

从优投网来讲，中国企业“走出去”，用两句话概括。第一，用好信息。这些信息不管是与投资直接相关的，比如说国别投资政策以及流程，还是与经营相关的财税、用工信息，都可以通过我们平台有效地获取。第二，用好资源。包括我们非常优秀的合作伙伴，不管是驻华使馆、园区，还是专业的服务机构，用好这些资源，企业“走出去”将无往不利。

吴俊杰：从风险把控来说，运营方面的工作至关重要。前期的准备要做足，后面可能要更加留意当地的文化、当地的民情，因为你不可以以中国式的管理方式来管理当地人，这是第一。

第二，一定要记得不要忽视当地的利益，而是给当地人创造价值，当地人就是你的合作伙伴。我们在做园区的时候，宗旨就是一定要给当地政府创造价值，给当地人民创造价值，他们开心，我们就开心，投资者也就开心，这就是所谓和气生财。

为什么昇非有把握、有信心在非洲发展？因为我们做到了这一点，包括简单的木材，我们做到可持续发展，每一平方公里只有 5% 的木材可以砍伐，加蓬有 85% 的园地可以开发，但是我们每年只开发 5%。作为企业，我们一定要对得起社会，这样不管是中国公司也好，国际公司也好，在当地肯定能做得风生水起。

李国瑞：我想要着重强调合规性管理。我们做项目的过程中，比如我们在沙特的项目，在开挖的过程中，当地的水挖出来以后是不能直接排的，必须经过当地各方面的环保部门及相应各层级的政府部门的审批，这会给企业造成很大的影响。所以，借这个机会跟大家分享，在签合同包括投标的过程中，一定要关注一下当地相应法律法规的要求，以及标准规范的要求。

主持人：感谢台上的六位嘉宾给我们带来精彩分享，意犹未尽。

再次感谢各位专家、学者的精彩发言，“2023 全球投资服务论坛暨境外安全风险防控论坛”到此就圆满结束了，欢迎您继续关注“2024 全球投资服务论坛”，谢谢各位的参与！

扫码观看 演讲视频

第 6 部分

2023 全球救援服务论坛主题演讲及圆桌对话

6.1　后疫情时期全球救援服务发展新趋势

摘要：国际救援服务目前已从单纯的“床对床”服务变成跨国医疗团队共同完成的使命，异国医疗救援团队联合解决跨境医疗转运问题已成为常态化。一个优秀的跨境救援机构不仅要为优质客户提供更好的服务，还要为普通客户、沟通困难的客户、经济困难的客户提供力所能及的帮助。

大家好，我是来自日本救援公司株式会社利便公司的陈竞阗，非常高兴在这里与大家分享我今天的议题——“后疫情时期全球救援服务发展新趋势”。

随着新冠疫情的逐步稳定和全球疫苗接种的推进，国际旅游和商务活动逐步恢复，全球各个领域得到回暖，多个国家和地区采取不同的措施和限制条件来实现商旅活动与公共卫生风险之间的平衡。

过去几年实施的入境限制、检测和隔离措施已经逐步解除，航空公司、酒店和旅游业等行业逐步调整恢复其服务，以满足旅游和商务的需求。然而由于新冠疫情的不确定性和变化，各个国家的政府和卫生机构会密切关注疫情的后续发展情况，并根据实际情况和需求进行调整，我们终于可以踏出国门完成我们未完成的诗和远方。

面对后疫情时代百花齐放、百家争鸣的新局面，作为十年从业国际医疗救援公司的小学生，我有一些小小的思考和沉淀，我们将迎来怎样的新挑战呢？

首先，基于新冠疫情期间患者无法轻易进入海外医院院内确诊的实际情况，曾经不被医院接受的视频通信设备开始大行其道，跨境网络共享患者医疗诊断资料的方式得到广泛的应用，甚至连一向以对患者个人信息严防死守而著称的日本医院也因为疫情适当地调整了相关的硬性规定，允许救援公司通过护士手中的电话以视频的形式对重症加强护理病房（ICU）的患者进行身体机能和各项指征的确认。新冠疫情的暴发和蔓延也对全球卫生系统产生了深远的影响，引发了全球卫生系统的重构和调整，形成了新的卫生系统格局。国际卫生组织和各国卫生部门之间的合作变得更加亲密而有序，全球卫生系统的协调和合作机制也得到了加强和完善。我们惊喜地发现“大救星”App 上会持续更新世界各地针对疫情的信息和防疫建议，App 上也会继续开发和推广相关的疫情跟踪服务，以帮助旅客和企业管理疫情风险。

新冠疫情同时凸显了跨境医疗合作的重要性，国际救援服务目前已从单纯的“床对床”服务变成跨国医疗团队共同完成的使命，异国医疗救援团队联合解决跨境医疗转运问题已成为常态化。我们将目光再次放回到大救星全球资源网络，“大救星”的服务网络覆盖了 233 个国家和地区，全球救援联盟成员 200 家，救援星使遍布 820 个城市，让异国救援变成联盟成员以及星使之间的能量传递。世界各地的救援公司通过江泰联盟走到一起，科学合理地应对跨国救援的工作挑战，增加了服务的半径，让异国的救援协作服务依托大救星全球综合智能救援云平台的强大公信力以及资源网络，最大程度地实现了有效的医疗救援服务。

疫情后救援行业迎来新形势

1. 出入境限制逐步解除、旅游业开始复苏、各国卫生机构适应性调整

2. 远程医疗快速发展、共享信息技术广泛应用

3. 跨国医疗合作需求更加迫切

我们医疗救援服务公司也通过本次疫情的三年洗礼，不断地调整自身的应变能力，定期评估和审查自身救援服务的漏洞和不足，识别潜在的风险，根据实际转运案例反馈出来的经验教训，不断地改进救援计划和流程，以确保应对未来的挑战和变化。我们制定了详细的紧急预案，并确保所有的团员、成员都熟悉并遵循这些预案。预案包括在各种紧急情况下的行动步骤、通信渠道、资源调度等，同时依托“大救星”这样的多元化资源网络，优化了异国的当地服务，多渠道共享医疗设备、急救车辆、医疗专业人员的资源，满足不同紧急情况下的救援需求。通过积极的准备和应对策略，可以确保在任何紧急情况下都能够迅速提供可靠和有效的救援服务。我们也建立了备用的医疗物资资源库，调整了人员和设备的分配计划，提供替代性的交通方式和行程受阻时短暂紧急入住看护住所。

疫情后救援行业面临的新挑战

1. 如何识别潜在的风险、审查评估救援流程？

2. 如何跨境快速调配救援人员和设备？

3. 如何高效协调境内外资源（医院、救护车、殡仪、海关等）？

后疫情时代如何更好地为普通出境客户提供更加经济实惠的救援服务？这也是驻外中国使领馆的领事救援部门对我们救援公司发出的提问。

一个优秀的跨境救援机构不仅要为优质客户提供更好的服务，还要为普通客户、沟通困难的客户、经济困难的客户提供力所能及的帮助。我们救援公司依托江泰救援联盟打造出了救援服务费用合理的平台，可以做到针对特殊的客户群体，如劳务者、家庭困难的留学生，根据客户的情况，优化救援计划，合理地整合资源，减少救援不必要的成本花费，与其他救援服务提供商或组织共享资源，包括设备、人员和后勤支持，等等，通过共享资源可以降低成本，并提高效率，从而为客户提供更经济实惠的服务。我们也可以通过应用现代科技，如远程医疗咨询、电子病历和远程监护等技术，提高救援的效率和可行性，减少一些传统救援服务所需的成本，从而降低总服务的报价。

与此同时，救援公司可以联合家属，整合社会资源，寻找社会资助计划，比如网上募捐、慈善机构以及当地华人商会等支持，为无保险的客户提供救援服务的补贴和资助。这些计划可能以提供资金援助以及人员协助，或者无偿的法律顾问等多种形式，多渠道地帮助这些无法负担高昂费用的客户获得相应的救援服务。

疫情后，我们感叹世事无常的同时居安思危，购买保险的意识也在不断增强，为适应不同的旅客和企业在后疫情时代的出行需求，“大救星”在传统的医疗和救援服务的基础上准备了丰富的定制化服务。我们除了可以在“大救星”上购买其所推出的相关海外保险，还可以通过“大救星”App 一键救援，实现实时定位、精准服务。“大救星”不仅可以快速响应，提供全年 365 天、7×24 小时中英双语服务，还拥有完美的贴身星使服务，实现随时随地提供陪同、陪护、翻译、代办等现场服务。“大救星”还从单一的医疗救援服务商扩展到包括境内外健康管理机构、医疗团队、当地律所、旅行社、安保公司、翻译公司等综合性服务商，满足出国人士的各项需求。“大救星”还为有需求的客户提供海外诊疗答询、国际知名专科医生会诊治疗方案以及海外治疗的定向一站式服务。

后疫情时期救援行业的应对举措

1. 科技赋能

更好发挥科技及互联网在救援行业的更广泛应用，实现救援更加智能化、线上化、标准化，数据分析能力等。

2. 合作共赢

更好地与全球各服务机构建立更加紧密的合作，互通有无，形成联盟，促使业务协同发展，构建系统性的救援体系。

3. 满足多样化需求

新的全球安全态势，导致客户多样化及个性化服务需求增加，例如更合理的救援费用、更高效的服务时效、更多样化的服务需求、更能贴近生活场景的服务、更定制化的保障等。

三年疫情给我们救援行业带来了毁灭性的打击，但随着我们在艰难险阻中无数次成功地跨国转运患者，成功地为身在疫情中的客户提供了相应的救援服务以后，我们惊喜地发现三年的洗礼提高了我们应对灾难的能力，为今后的高品质救援提供了宝贵的实战经验，让我们更加珍惜现在疫情后的美好生活。我们深知未来的路还很长，“路漫漫其修远兮，吾将上下而求索”。只要我们救援公司保持一颗对生命敬畏的心，保持对医疗救援行业的热情和初心，任何的艰难困苦都是过眼云烟，所有的荆棘都会化为坦途！携手江泰联盟，迎接数字化智能救援时代，我们坚信未来的路是光明而坦荡的。

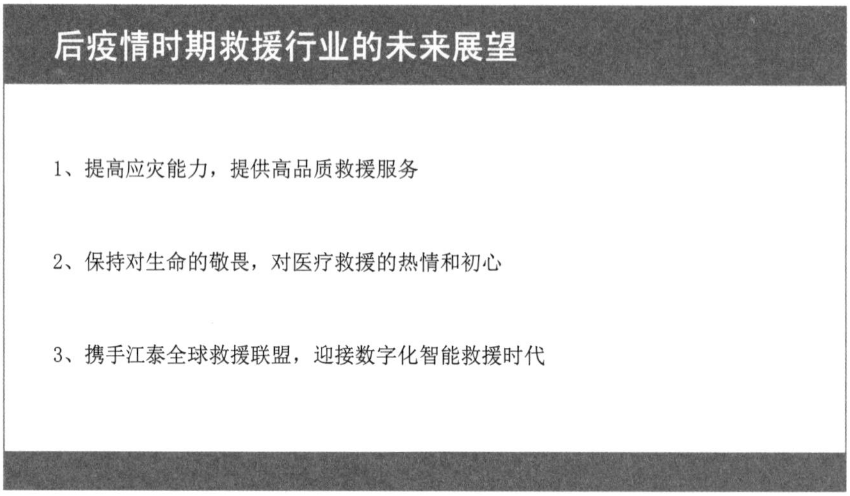

谢谢大家。

演讲人：陈竞阑（日本利便公司中国区代表）

扫码观看 演讲视频

6.2　服务全球发展与安全
推动构建全球双向救援体系

摘要：面对复杂多变的国际格局，全球发展与安全这个主题是赓续永恒的。在此背景下，有关各方共建双向互动、内外循环的全球救援体系，既是维护地区安全、保障公民权益的重要抓手，也是当前国际社会重点关注的热点问题。

尊敬的沈开涛主席、各位来宾，大家下午好！感谢主办方的邀请，与各位专家、企业代表共同讨论全球救援这个具有现实意义、长远意义的重大命题。

当今世界地区安全问题此起彼伏、局部冲突和动荡频发，单边主义、保护主义明显上升，贸易、能源、粮食等产业链、供应链危机接踵而至，单边制裁、技术封锁等一系列的断链脱钩行为肆意滥用，进一步加剧了世界各国特别是发展中国家的民生困难。正基于此，全球救援应该设置在服务全球发展与安全这个宏大背景下，设置在促进和平与发展这个不变的时代主题下，国际社会和利益攸关方应对其进行深入探讨、坦诚对话、共同谋划。全球救援所应对的安全问题事关各国人民的福祉，事关人类的前途命运，因此全球救援应该是具有世界意义、广阔含义的大救援，涵盖政治、经济、外交、军事、文化等多领域、多层级、多主体。

面对复杂多变的国际格局，全球发展与安全这个主题是赓续永恒的。在此背景下，有关各方共建双向互动、内外循环的全球救援体系，既是维护地区安全、保障公民权益的重要抓手，也是当前国际社会重点关注的热点问题。2021 年以来，中国国家主席

1. 全球发展与安全的中国主张与国际新共识

2021年9月21日	第七十六届联合国大会一般性辩论 习近平主席首次提出“全球发展倡议”
2021年11月19日	第三次“一带一路”建设座谈会
2022年4月21日	习近平主席在博鳌亚洲论坛2022年年会首次提出全球安全倡议
2023年2月21日	中国政府发布《全球安全倡议概念文件》
2023年10月16日	中国共产党第二十次全国代表大会报告
2022年11月-2023年5月	中国与印度尼西亚、巴西、哈萨克斯坦、刚果民主共和国签署联合声明

习近平相继提出全球发展倡议、全球安全倡议和全球文明倡议，全面系统深入地阐述了维护全球发展与安全的中国立场和中国主张，赢得国际社会的广泛认同和高度赞誉，由此构建起全球发展与安全的国际对话平台和国际共识体系。去年 11 月以来，中国政府与印度尼西亚、哈萨克斯坦、巴西、刚果民主共和国签署了一系列联合声明，这些声明文件都对发展与安全的议题达成高度共识，在具体合作领域，也提出了多方面的务实目标与实施路径。这些倡议声明形成的国际新共识，对我们今天讨论的议题具有重要的指引作用和支持意义，为海外救援服务提供更加有利的营商环境，建议各方业内同仁和专家给予持续关注和深入解读，与各领域的业务推广与国际合作紧密衔接、高度契合。

在全球发展与安全这个人类共同的命题下，如何理解全球双向救援体系的时代内涵和长期使命，可以从紧迫性、必要性、可行性三个方面进行系统思考。总体来看，社会交往、人员往来、商务活动频繁，而全球安全事件频发，极端天气、自然灾害、恐怖袭击等导致伤亡人数不断刷新历史纪录，尤其是承担国际事务的跨境人群，无论是出境人员还是来华友人，都希望得到安全、周到、便利的服务，这就需要构建一套覆盖全球、服务周边、内外双向的多元化救援体系。但是，目前全球救援体系的基本格局还有待完善，仍然缺乏可持续、可负担、可获得的高质量救援服务。政府、企业、NGO 组织、公民等各类组织的协调性和一致性需要不断强化，商业化救援涉及的标准化收费与公平普惠机制需要不断优化，现代创新机制的深度场景应用也需要不断地进化。对于这些发展问题和短板，我们也满怀信心地看到，在人类命运共同体、“一带一路”倡议、全球发展倡议等国际共识的带动下，借助大数据、云计算、区块链、人工智能等现代科技手段，我们坚信在政府部门、专业机构、社会公众的共同参与下，在沈开涛主席及各界同仁的协同努力下，我们有实力、有动力、有魄力推动救援体系建设的全球化、科技化和数字化。

2. 全球双向救援体系的时代内涵与长期使命

紧急性：全球安全事件频发

- 世界气象组织2023年5月22日发布的最新统计报告显示，2020年和2021年，全球有记录的灾害死亡人数共22 608人；
- 全球恐怖主义影响报告显示，在2019年全年，63个国家至少有1人死于恐怖袭击，17个国家有超过100人死于恐怖主义相关的活动。

必要性：全球救援体系有待完善

- 缺乏系统性的救援体系；缺乏可持续、可负担、可获得的高质量服务；缺乏统一的协调和指挥，无法确保救援各方协同一致；缺乏标准化的收费体系与公平机制；缺乏现代创新技术的深度场景应用。

可行性：救援体系建设的有效支撑

- 国际共识 （人类命运共同体、“一带一路”倡议、全球发展倡议、全球安全倡议、全球文明倡议）
- 科技助力（大数据、云计算、5G技术、人工智能等科技创新应用；有效支撑救援体系建设的全球化、科技化、数字化）

共建"一带一路"倡议提出十年来，中国政府及各领域社会组织积极推动了全球救援体系的建设，在人道主义救援、保障海外公民权益、提高领事保护能力方面做出了积极努力，取得了显著成效。2015 年以来，中国救援组织开展了尼泊尔、阿尔及利亚、巴基斯坦、海地、莫桑比克、土耳其等多项国际救援任务，十年来共组织实施了近 20 次紧急撤离中国海外公民的行动，处理各类领事保护案件 50 多万起，涉及中国公民数百万人，通过数字科技，让海外同胞一键直达驻外使领馆，同 150 个国家缔结了各类豁免签证协定或者安排。

2. 全球双向救援体系的时代内涵与长期使命

- **开展国际人道主义救援**

2023年2月6日，土耳其南部发生7.8级强震，中国政府向土耳其和叙利亚提供紧急援助，中国救援队、公羊救援队、蓝天救援队等多支救援力量与各国志愿者参与救援。

- **数字科技助力领事保护**

"让数据多跑路、让群众少跑腿"；大幅下调中国公民办理领事证件费用，打造"智慧领事平台"，创新云端办照、视频公证、在线预约、移动支付等便民措施；中国已经同150个国家缔结各类互免签证协定或者安排。

- **保障海外公民"万里归途"**

乌克兰危机发生后，中国外交部门迅速将5 200多名同胞安全地从乌克兰撤离；过去十年，外交部全球领事保护与应急服务热线12308接听各类来电咨询270多万通。

此外，在昨天（2023 年 6 月 8 日）举行的国信办发布会上，我国应急管理能力的建设成就令人振奋鼓舞，通过改革转型，国家综合性消防队伍已经建成水域、山丘、地震专业力量 5 000 多支，列装了无人机、大型的排水泵、救援机器人等应急设备，在全国建设了 6 个国家区域应急救援中心，依托企业建设了国家安全生产应急救援队伍 102 支，将 2 300 支近 5 万人的社会力量纳入了救援体系。

这些行动和举措显著增强了中国救援组织和专业公司的行动能力和服务水平，也显著提升了中国救援产品的高端品质和创新能力。在这个过程中，一批心系祖国、热爱和平的海外华人通过多种方式积极参与，为中国海外救援体系编织起联合救援的响应网络，充分彰显了救死扶伤、助人为乐的中华民族传统美德，也充分体现出开放包容、交流互鉴的中华民族现代文明精神。

从中国救援体系的十年成效来看，尤其是经过三年多的疫情考验和艰苦磨炼，我们已经逐步构建起全球双向救援体系。其时代内涵简要概括就是主体、手段、目标，需要广泛动员政府、企业、非政府组织、公民等多元化主体，坚持采用国际化、系统化、数字化的合作机制和手段工具，协同构建服务全球发展与安全的境内外双向救援体系。其所具有的长期使命必将是国家安全机器的重要组成部分、国家海外利益的有力保障措施、公民个人权益的安全维护帮手。

3. 全球双向救援体系的国内外双循环生态圈

"走出去"救援体系建设

服务人群："走出去"个人、"走出去"企业、企业高管、劳务人员、专业人员
行前风险防范：境外风险预警、行前查询和咨询、安全讲座；外交部、领事服务网站、旅行社、中介机构、救援公司
事发综合救援：病情评估、医疗费用垫付、医疗检测、医疗转运/送返、后事处理、亲属探访安排；医疗机构、旅行社、企业、救援公司、急救中心、保险公司、航空公司、酒店
行中健康管理：线上问诊、绿通服务、贴心陪诊、二次诊疗、体检解读、健康指导；健康管理公司、救援公司、医疗机构、医师、药师、护士
事后贴心理赔：保险公司、救援公司、医疗机构

何为双向？从时空来看，既要服务"走出去"，又要服务"走进来"；从效果、目标来看，既能保障安全，更要能促进发展。我们应该鼓励合作各方秉持人类命运共同体的发展理念，以人民为中心，通过综合性救援服务，打通不同国情、不同语言、不同风俗的障碍和鸿沟。通过救援体系，进一步加强文明互鉴，进一步融合国际规则，进一步改善营商环境，从而促进全球经济复苏与可持续发展。

"走出去"救援体系的服务对象主要以企业和个人活动为主，包括旅游、商务、探亲、留学、劳务等，具体服务内容聚焦出行前的风险提示和培训、境外期间的健康管理、突发事件的综合救援以及事后的理赔和咨询等。与此相对应，"走进来"的服务对象大体相同，而服务的手段和内容则相对便利和丰富，涵盖线上和线下的咨询服务、陪伴服务。在人员配置、服务效率、服务内容等方面都具备更为有效直接的工具和资源，在此过程中，境内外各类服务机构建立开放包容、合作共赢的机制，双向交互服务对方的客户，最终构建一个服务内外双向循环的救援生态圈。

3. 全球双向救援体系的国内外双循环生态圈

"走进来"救援体系建设

服务人群："走进来"个人、"走进来"企业、外国企业、企业员工、员工家属
线上服务体系：建立综合服务平台
医疗机构、救援公司、健康管理公司、旅行社、医师——提供生活、出行、安全、医疗等相关在线咨询服务
线下服务体系：建立综合服务体系
医疗机构、救援公司、健康管理公司、旅行社、航空公司、道路救援机构、酒店——提供日常健康检测、就医、出行安排及救援等综合服务

4. 全球双向救援体系的发展愿景与赋能工具

发展愿景——“一体两翼、内外循环”救援生态圈

- **发挥本土资源优势**

链接全球本土化资源
形成全球服务生态圈

- **提供高质量服务**

资源共享
跨国合作

展望未来，全球双向救援体系将是一体两翼、内外循环的救援生态圈，在共享全球本土化的资源基础上开展互利共赢的跨国合作，发挥合作各方本土资源优势，提供可持续、可负担、可获得的高质量服务，继而形成全球救援服务的生态圈。

如何实现这个宏伟目标？现代科技手段必不可少，也不可或缺。其中打造全球救援综合服务平台可以成为双向救援体系的赋能工具，通过数字化、云端化等手段，建立起即时化的信息平台、移动化的救援系统、智能化的处理终端，通过企业客户的智能云平台和个人用户的手机 App，实现咨询、陪同等个性化定制服务，实现紧急医疗转运等全球救援服务。通过一键呼叫功能，实现安保、法律、旅行、健康、商务社区等综合服务，这些服务手段、功能也构成了全球救援指挥中心的主体内容。

4. 全球双向救援体系的发展愿景与赋能工具

赋能工具——全球救援综合服务平台

全球救援指挥中心：即时化的信息平台，移动化的救援系统，智能化的处理终端
个性定制：咨询、陪同、翻译、代办、报案、慰问
全球救援：紧急医疗转运、医疗送返、照顾未成年子女、安排亲友探访、遗体送返或火化、电话医生、全球安全管家
一键呼叫：24小时服务、全球GPS定位、危情自救手册、全球风险预警
综合服务：安保服务、法律服务、旅行援助、健康管理、商务服务、社区服务

各位来宾，服务全球发展与安全，构建全球双向救援体系，需要以团结之精神适应国际格局，以共赢之思维应对安全挑战，消灭国际冲突根源，完善国际治理，推动国际

社会携手为动荡变化的时代注入更多稳定性和确定性，实现世界持久和平与发展。

以上是我的几点个人思考，供大会交流讨论。

最后，预祝本次论坛取得丰硕成果，务实推进国家安全体系和能力现代化，为全球发展与安全贡献力量。

谢谢大家！

演讲人：温灏（国家开发银行“一带一路”创新发展中心正高级经济师）

扫码观看 演讲视频

6.3　夯实旅游安全之基
打造救援服务新模式

摘要： 面对日益复杂的旅游救援管理背景，我们应明确旅游救援体系的战略导向，要为旅游救援提供法律的依据和法律的支撑。同时，要统筹旅游应急救援资源的功能导向以及面向对象，为各类救援机构、救援业务和救援市场发展提供方向指引。

尊敬的各位领导、各位嘉宾，大家下午好，非常荣幸参加 2023 年全球救援服务论坛。我们知道在过去的三年，新冠疫情使旅游业受到了非常沉重的冲击，在疫情之后我们都期盼旅游业能迎来复苏的时刻。这大半年的旅游业的的确确实现了部分的恢复振兴，我们同时也看到在市场形势一片大好的背景之下，整个产业的生态相比疫情之前已经发生了根本的改变，它所面临的风险形势和安全挑战也具有完全不同的背景和表现，因此我们有必要以此为基础探讨旅游救援到底以何种新的形式展开。

在疫情之前，旅游业整个产业生态和要素体系的升级已经在进行的过程当中，我们从传统的六要素体系（游、住、食、娱、购、行）到新六要素（学、商、养、闲、情、奇），再到九要素（学、养、商、奇、福、情、农、林、文），乃至于今天我们所说的十二个要素（游、商、养、学、情、奇、文、体、农、厕、导、智）。在每个要素体系之下，它背后所蕴含的产业生态也在不断地分化，也就是说我们的旅游者和我们的从业人员在面对全新的产品和业态，当然它也必须面对不一样的安全风险和生态。

后疫情时期，我们的国内旅游的确在迅速恢复，假期旅游的形势在持续向好。请看一组数据，2023 年第一季度，国内旅游总人次达到 12.16 亿，比 2022 年同期增长

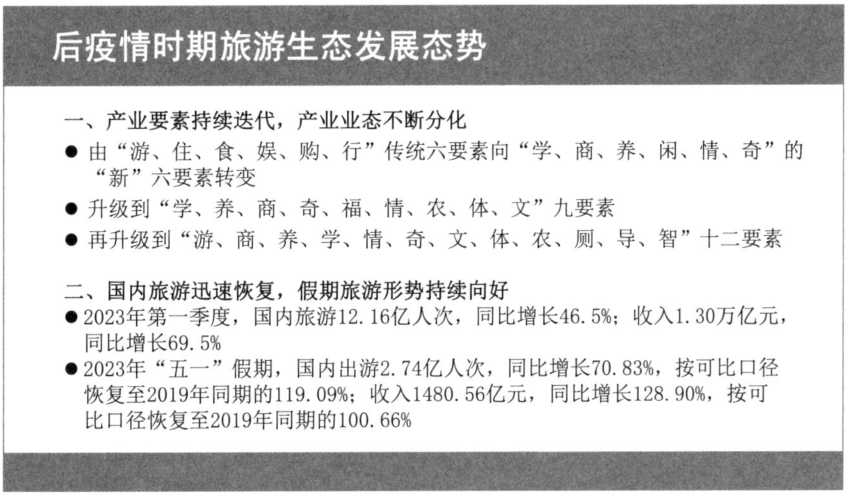

46.5%。“五一”假期全国国内旅游出游合计 2.74 亿人次，同比增长 70.83%；实现国内旅游收入 1 480 多亿元，同比增长达到 128.90%。如果按照可比口径来进行比较，旅游收入已经达到了 2019 年同期的 100.66%。同时，我们国家涌现出大量新兴的网红城市。

从出境口径来看，我们出境游的政策虽然说还没有完全放开，但是也在不断地优化，海外旅游市场也在持续升温。根据支付宝公司的最新数据显示，2023 年“五一”期间，旅游出境人均交易笔数已经超过三年前的同期，人均消费的金额比 2019 年的“五一”期间增长了 40%。国内旅游人均消费相比 2019 年事实上是有所下降的，但是出境旅游的人均消费却增长了。出境旅游首选的目的地，短途周边国家和地区成为出行的首选，其中中国香港依然是最受内地游客欢迎的目的地城市，其次是中国的澳门，还有日本、泰国和韩国等邻近的国家和地区。

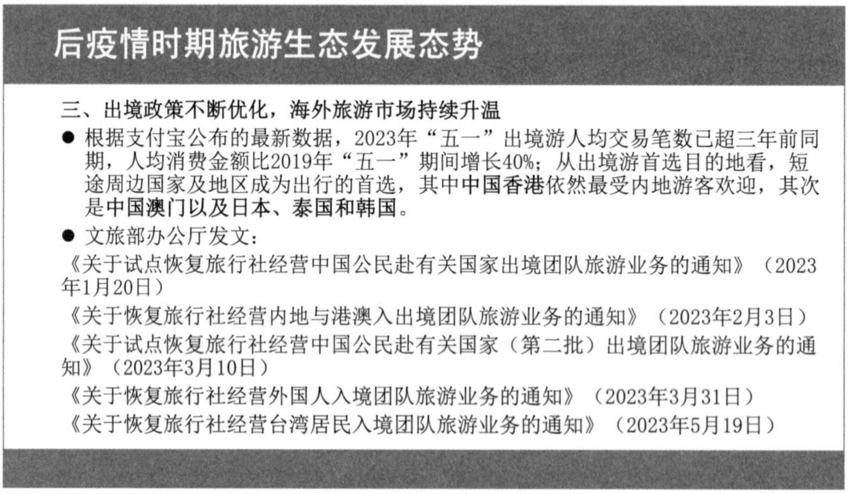

在这个过程中，我们看到文旅融合的进程在不断加速，业态在融合、资源在融合、空间在融合、产品也在融合。比如传统特色商业街区、古城老区、网红书店，乃至于原来的工业园区都转型蜕变成了新兴的旅游空间。在这个过程中，数字技术也在不断地赋能和激活传统的旅游要素。原来老的旅游景区、酒店乃至于旅行社这些传统的业态也因为数字技术的介入而不断焕发出新的生机。

游客群体对旅游资源的看法和态度也在发生新的变化。疫情前，游客比较青睐的多是传统的自然旅游资源或者人文旅游资源；而在疫情后，游客选择的旅游资源和所去到的一些旅游场景已经发生了巨大的变化，像奶茶店、咖啡店、文博场所和城市公园等这些原来本地居民常去的一些地方，也成为游客非常热衷的旅游场所。我们的旅游场景已经变成了传统的旅游场景加上生活场景这样的一种高度融合。

从流量的变化来讲，疫情之前是流量的高度中心化，而现在则是流量结构的多元化以及旅游的泛生活化。

后疫情时期旅游生态发展态势

四、文旅融合进程加速，数字技术赋能激活旅游要素

- 文旅融合：文旅业态融合、文旅资源融合、文旅空间融合、文旅产品融合
- 数字技术赋能：旅游目的地、旅游景区、酒店、旅游平台、游客、旅行社

五、旅游资源更为多元，消费降级现象较为普遍

- 旅游资源类型扩大化、多样化
- 旅游平台与企业联合多方资源共同发展
- 旅游消费降级现象明显

淄博烧烤、旅游特种兵、私人定制游、帐篷露营、荧光夜跑、深夜书房等旅游现象与活动兴起

场景的变化对旅游安全的管控和治理也形成了不少新的挑战。国内旅游客流快速恢复发展的情况之下，旅游安全风险的事故频繁发生。一方面客流迅速增长，但在过去的三年，旅游行业成熟的从业人员有很多离开了旅游行业，新加入进来的旅游从业人员缺少成熟的安全应对经验，比如导游群体在疫情中大量流失，而现在即使每天开到 400~500 元的工资，也很难招到合适的导游，这也使得今年国内的救援单子数量在大规模地增长。

旅游产品也在快速迭代、更新，高风险的旅游产品和由此伴随的安全事故频发。

与此同时，游客的消费方式也在不断转变，背后所潜藏的风险隐患需引起我们重视。

从全球来看，全球的风险形势一直都不容乐观。不同国家、不同民族、不同宗教之间的矛盾和冲突频发。国际恐怖主义仍然十分猖獗，从 2000 年一直到 2014 年，全球恐怖主义发生的规模及数量一直在高速增长，2014 年以后，虽然有所下降，但是它的总量仍然非常惊人，所分布的地区特征也非常鲜明。

此外，传统的传染病还没有得到有效的遏制，而一些新的疾病又成为人类社会安全的新威胁。在这个过程中，旅游活动已经成为很多传染性疾病传播的一个重要的通道。

当然我们也发现，人与自然关系的失调也导致全球生态环境的不断恶化，自然灾害因素越来越频繁。这些因素都容易对区域性的旅游活动造成致命的打击。

后疫情时期，国际旅游业在快速地恢复，但是在这个过程中，因游客过度的拥挤而导致安全事故频繁发生。去年（2022 年）年底韩国首尔梨泰院大规模的踩踏事件就令人触目惊心。

后疫情时期旅游安全风险

一、国内旅游客流快速恢复，旅游安全风险事故频发
- 后疫情时期客流量剧增，旅游安全事故呈高发态势
- 旅游产品快速更新迭代，高风险旅游安全事故频发
- 游客消费行为方式转变，背后潜藏风险隐患需重视

二、全球风险形势不容乐观，出境游面临诸多风险隐患
- 不同国家、民族、宗教之间的矛盾和冲突尚未缓解，国际恐怖主义仍十分猖獗，严重影响出境旅游安全
- 许多传统的传染病仍未得到有效的遏制，新型疾病（医疗问题）成为人类社会安全的新威胁，旅游活动成为许多传染性疾病的传播渠道
- 人与自然关系失调导致全球生态环境恶化，自然灾害愈加频繁，容易对区域性的旅游活动造成致命打击

面对这样一种背景和形势，旅游救援管理应该引发我们深层的思考，我们必须对它进行新的顶层设计。

第一，我们应该要明确旅游救援体系的战略导向。我们的救援到底为谁而救？怎么救？这是我们首先必须思考的问题。

第二，我们还必须为旅游救援提供法律的依据和法律的支撑。救援的优化、双向的救援体系，这些都涉及法律层面的设计和改变。

第三，必须统筹旅游应急救援资源的功能导向以及面向对象。机构所使用的救援资源和游客个人所使用的简易救援资源显然不一样，长期以来相关的企业对旅游救援装备的制造和设备的研发、应用并没有特别的热衷，这个市场还远远达不到成熟的地步。

第四，我们应该为各类救援机构、救援业务和救援市场的发展提供方向指引。到底未来路在何方？我们国家的战略导向又应该如何进行设定？

后疫情时期的旅游安全救援管理——加强顶层设计

- 明确旅游救援体系的战略导向
- 为旅游救援提供法律依据和法律支撑
- 统筹旅游应急救援资源的功能导向以及面向对象
- 为各类救援机构、救援业务和救援市场发展提供方向指引

我们应该要旗帜鲜明地提出加强旅游救援机构的分类建设和分类管理。因为从游客的需求端来看，我们发现游客所选择的旅游产品越来越多样化，它背后隐含的风险情形也越来越复杂化。这其中既有低风险的观光度假旅游，也有中等风险的游艇旅游、邮轮旅游，还有大量高风险的旅游产品，像徒步旅游、热气球、潜水、滑翔伞运动、漂流、沙漠徒步、溯溪、登山，等等，年轻一代的旅游者对这些有刺激性的探险旅游产品、高风险旅游产品越来越喜欢和青睐。面对复杂的产品和风险背景结构，我们的救援机构和救援业务应该做出改变，公共救援、商业救援和公益救援的发起主体、面向对象、服务的类型几乎完全不同。

公共救援应该承担起基础性的救援工作；商业救援应该承担起高等级、高质量、高成本的救援服务工作；公益救援是前面两者的一个重要补充。这三类救援机构应该各司其职、共同发展，这样才能建构起一个完整的旅游救援生态。

后疫情时期的旅游安全救援管理——分类建设与管理

全球救援体系的性质结构与分类

类别	公共性救援	商业性救援	公益性救援
发起主体	相关政府	商业性旅行援助机构	民间公益机构
面向对象	任何公众旅游者	本机构会员	任何公众旅游者
服务类型	旅游搜救服务	旅行援助服务 （包括旅行支援、道路救援、紧急医疗等）	旅游搜救服务

从旅游者来讲，我们希望能够把旅游救援体系纳入旅游活动的全过程，也就是从旅游前—旅游中—旅游后都应该纳入救援的业务和服务。旅游前应该为游客提供充分的安全监测和预警服务，包括风险信息的搜集、风险动态的跟踪、风险识别和判断、等级的评估以及相应的预警信息的发布、风险的控制和干预，等等。

旅游的过程当中，涉及旅游救援方案的制定、紧急联合的搜救以及紧急医疗的救治。救援方案的制定过程中还涉及救援信息的获取、识别、反馈，预案的启动，救援机构人员的规模、路线的设定，等等。在紧急联合搜救的过程中，各种专业的沙漠、水上、山地和自驾的救援业务都必须有针对性的供给。在紧急医疗救治的过程中，涉及医疗咨询、紧急救治、派遣医生、医疗监控转送、递送药物，等等一些相应的救援服务。

旅游后、救援后还涉及恢复重建等相关的业态。

后疫情时期的旅游安全救援管理——救援服务纳入旅游全过程

◆旅游前

安全监测预警：

风险信息搜集、风险动态跟踪、风险识别判断、风险等级评估、明确预警级别、预警信息发布、注意事项提醒、进入预案阶段、风险控制干预

后疫情时期的旅游救援管理——救援服务纳入旅游全过程

◆旅游中

救援方案制定：

救援信息获取、救援信息识别、救援信息反馈、紧急预案启动、紧急救援定位、紧急救援机构、紧急救援人员、紧急救援规模、紧急救援路线

紧急联合搜救：

搜救资源调动、紧急医疗救治、境外医疗转送、受伤游客安置、沙漠搜救、水上搜救、山地搜救、自驾救援

紧急医疗救治：

医疗咨询、紧急救治、派遣医生、医疗监控、医疗转送、递送药物

后疫情时期的旅游救援管理——救援服务纳入旅游全过程

◆旅游后

恢复重建：

事故勘察、查明致因、费用核算、理赔管理、回顾总结、编制档案、预案修编

救援服务模式的创新很显然就是在上述所有这些业务中进行资源的统筹和整合。不同的公司擅长不同的救援业务，我们的核心竞争力在哪里？我们应该为游客提供哪些他最需要的救援业务和服务？这是每个救援公司都必须去深入系统和细致思考的重要问题，因为只有这样，才能真正提供市场所喜欢、所认可的救援服务产品。

过去的几年，在中国发生了一些旅游安全事故，造成了规模性的一些伤亡。比如，2015 年的“东方之星”沉船事件，442 人遇难死亡。为什么这个事件的死亡率那么高？在这个过程当中，我们的救援企业在哪里？这个事故在中国旅游安全发展当中是非常具有标志性意义的一个事件，因为在和平年代，一次性死亡 400 人以上的事故是非常罕见的，这个纪录发生在旅游行业。原因是什么？因为里面的游客大部分是老年游客。

2018 年 7 月泰国沉船事件，中国游客 47 人死亡。这个事件发生在境外，我记得当时有很多中国的蓝天救援人员“打飞的”跑到泰国去救援中国游客，当地的华侨、华人也伸出援手去救援中国游客。2021 年“白银马拉松事故”死亡 21 人，这个事件是在众目睽睽之下、在众多摄像头的监控之下发生的，那里的很多参与者都是专业运动员，死亡率如此之高也是令人触目惊心。

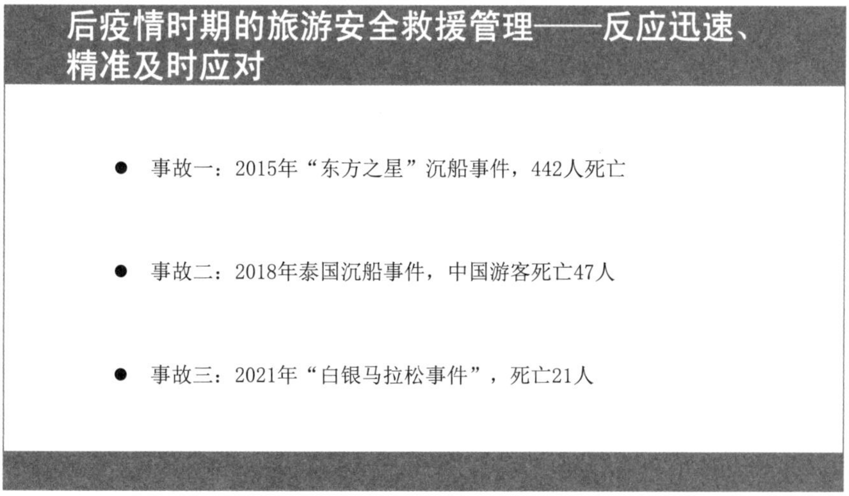

这些事件告诉我们，今天救援服务所面对的对象、所面向的场景越来越复杂和多样化。面对多元化的对象和救援服务场景，我们救援企业到底准备好了没有？我们只是面向事后的那一点点的业务吗？还是我们能够在事前和事中尽最大可能抢救更多的人命？这是值得我们去思考的。为此，我们应该建立反应迅速、精准及时的旅游救援系统。

除此之外，我们还应该建立面向对象广泛、业务内容丰富、救援成效显著的旅游救援机制。救援不只是救援机构的事，更要充分利用信息支持机构、技术支持机构、背景和区域机构，以及保险和银行等机构支持，只有这样，我们的救援体系才能走向更高水平。

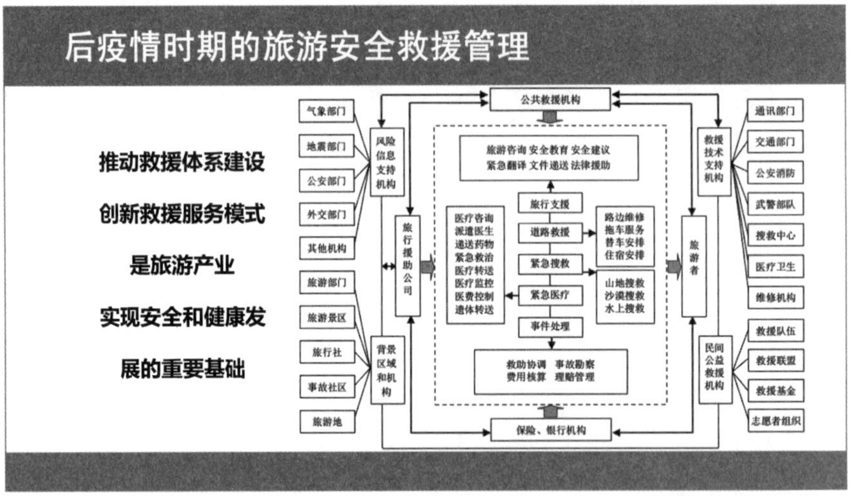

后疫情时期，旅游业恢复发展，在促进旅游业快速恢复的历史阶段，我们必须推动救援体系的建设，必须创新救援服务的模式，这是旅游产业实现安全和健康发展的重要基础。

在座的各位，包括江泰任重而道远，谢谢！

演讲人：谢朝武（华侨大学旅游学院院长）

扫码观看 演讲视频

6.4　圆桌对话：后疫情时期公民境外出行安全风险趋势与保障策略

发言嘉宾：

外交部原副司长　陈雄风

华程国际旅行社集团有限公司副总裁　潘渤

北京建工集团有限责任公司国际业务高级运营总监　谭锋

中安保国际公司总裁助理兼安全总监　李学飞

江泰全球救援联盟副秘书长　常美玲

大救星医疗专家　冯振声

主持人：我们将邀请六位专家，就中国公民“走出去”风险防范和中国企业“走出去”风险防范，为大家带来最新、最精彩的碰撞和思考，他们分别来自领事保护、出境旅行社、“走出去”企业、江泰救援以及医疗等领域的代表。这个环节我们会聚焦人，无论是中国公民个体因为求学、探亲、旅行要出去，还是对于中国企业而言，他们有外派员工要长期在境外从事相关的工作，如何保证人身安全、财产安全？如何做好救援服务？

圆桌对话将分为两个环节：第一环节，聚焦中国公民前往热门旅游目的地出境游，在后疫情时期将如何应对？第二环节，聚焦中国企业的员工“走出去”要面临哪些风险？

第一环节

主持人：进入后疫情时期，是不是我们曾经以为熟悉的目的地、熟悉的旅游产品，在三年期间或者是疫情防控放开之后，其实已经发生了很多的变化？无论是对中国游客的态度上、服务上、产品设计上，或者是当地的一些安保的基础设施，是不是已经发生了一些变化？接下来听一听各位的见解，首先有请领保专家——外交部原副司长陈雄风先生，说一说您对 2023 年出境游市场的一些新变化的观察。

陈雄风：谢谢主持人，谢谢江泰国际救援联盟给我们这么一个机会，围绕着中国公民和企业“走出去”的安全问题进行深入的交流。作为多年从事领事保护工作的一个退休老人，也愿意以自己一点微薄的贡献，来为我们中国公民和企业“走出去”的安全防范和风险预防这方面的工作做一点我个人小小的努力。

第一，如果说在后疫情时期我们的人员“走出去”面临的安全形势有什么变化的话，我觉得最大的一个特点还是疫情。因为我们在谈的是“后疫情”，实际上是没有离开疫情这个话题。为什么这么讲？因为我们大家深知疫情并没有完全远离，它仍然在我们的身边。所以，围绕着“疫情”这两个字带来的诸多烦恼，恐怕还是需要我们认真对待的一个环节。

我今天来的路上还在想，不过就是去年这个时候，我们同样的论坛不得不改成了线上的形式，而现在，我们面临的疫情带来的影响是否完全消失了？恐怕还是得打一个大大的问号。如果说和疫情前相比，我们刚才看到了很多数据，尤其是我们出境游的数据，还远远没有达到疫情前的水平。伴之而来的反而是安全事件增多，在出游人数大量下降的同时，安全事件反而在大量增多，这是值得我们深思的。

为什么会出现这种情况？这跟疫情的影响是密不可分的。我们很多相关的防疫政策措施的调整，仍然在影响着我们的生活。这些出境游的旅客面临着旅游业相对来说萎缩的拖尾效应，旅游从业人员，旅游业的软件、硬件、环境都难以完全恢复到疫情前的水平。我个人因为跟旅游业接触比较多，很多出境游的旅行社告诉我，“原来熟悉的合作伙伴，现在不知道在哪里，我要出去找熟悉的中餐，现在不知道还在不在。”我们熟悉的旅游环境需要重新建立一个供应链，这是现在后疫情时代非常值得关注的一个话题。包括防疫政策的调整，我们的游客能不能顺利地出去，能否安全顺利地回来，都是值得我们认真面对的一个挑战。

第二，毋庸置疑，国际经济也遭受了疫情沉重的打击。

全球经济下行的压力依然存在，由此造成不少国家政局动荡，社会治安方面出现了诸多的挑战。经济不好，犯罪率上升，所以，我们游客在国外面临安全的挑战确实比以前上升了。

今年以来，随着疫情形势的变化，不少人开始“走出去”，但是大家同时也注意到驻外使领馆发布的安全提醒的数量也在急剧上升。刚才看到驻美使馆最新发布消息，提醒大家小心，要减少护照的遗失。为什么会发出这种提醒？显然也是因为发生的事故比较多。

第三，国际形势深刻调整带来的影响。

地区的冲突、国与国之间矛盾的爆发，这给我们中国公民在外面的安全带来直接的冲击。

简单地说，这个世界仍然很不太平，“走出去”之前、“走出去”之后，需要对我们个人、企业的安全问题投入更多的资源和关心。谢谢！

主持人：谢谢陈司长在第一个环节给我们做简要的介绍。确实新护照也办下来了，在手里还冒着热气，但是要先想清楚再决定去办哪个国家的签证。陈司长提到旅行社方面，原来非常稳定的供应商、地接、餐饮、住宿、景区，都有咱们的人，后来很多都转行了，都没了，可能要重新建立。我们认为原来一些物美价廉或者一些已经很通畅的线路，没准现在跟原来已经不一样了。我们请出境旅行社的代表，华程国际旅行社集团有限公司副总裁潘渤先生说一说，您作为一线从业者，"春江水暖"到底怎么样？这半年来您的体会是什么？

潘渤：首先非常感谢江泰公司组织这个论坛，出境旅游安全实际上是一个很重要的问题，但是大家平时可能不太关注。华程是携程的全资子公司，携程集团每年经手的出境旅行大约是三四百万人次。从概率来说出事是必然的，每年基本上内部都会知道大概有多少比例会出问题。从这个角度来讲，我们非常重视这件事情，对我们来说是必然会发生的事情，不是概率的问题，因为总量大，概率问题变成一个必然风险，我们对这个事情一直非常关注，也是一直在跟业界非常领先的公司合作这方面的业务。所以，我觉得举办这个论坛非常有必要。

从目前的挑战来讲，首先是疫情的问题，实际上病毒还在流行，只不过毒性没有原来那么强。第二，从心理上来讲，很多客户都会来问，特别是年纪稍微大一点的客户会咨询，现在海外的情况怎么样了？我出去会不会回不来？我如果在国外生病了怎么办？这些问题实际上反映客户从客观上、心理上还是存在疫情的困扰。

第二，成本的问题。从实际的数据看，整个成本涨了至少 40%，其中一个很重要的原因就是很多供应商不见了。比如佛罗伦萨以前有很多中餐厅，疫情之后一家都没有了，再比如车队，很多地方也都已经把车卖了转行了。当然在疫情结束、业务恢复之后，我们也跟地接方沟通，实际上他们是有一个恢复期，估计到今年第四季度，情况才会有一个比较大幅度的改善。因为供需不平衡，导致成本大幅度上升。

第三，政治环境变化、经济不景气，导致中国客人有潜在的风险。我们内部对这个问题是一直有未雨绸缪的规划，所以我们在对领队在出行前的教育上非常重视这个问题。

从现在实际的情况来看，我们整体的业务恢复度大概会是 2019 年的 15%～20%，不同的区域情况不同，华东区域恢复快一些，华南也还可以，但是华北区域恢复得相对慢一些，大概是 15%～20%。而且今年有一个特点，旅游产品平均卖价非常高，暑期欧洲的产品基本都是 2 万元以上，正规的旅行社没有低于 2 万元的产品，其实也是因为整个成本的变化导致这个情况。还有一个特点，越贵的产品卖得越快，现在 3 万元以上的产品都已经售罄，主要卖 2 万元到 3 万的产品。所以，从目前来看，今年能够出境的客人是在疫情期间整个收入或者是家庭的财富并没有受到太大影响的一些人。在 2019 年出境的客人有上亿人次，其中一半以上是去中国的港澳台地区，真正意义去到国外的大概是五六千万人次。这些客人按照中国的人口比例来说，其实只有 3%～4%，还是属于金字塔顶尖、相对财富有保障的客人。所以，如今能够出境的还是这些客人，而且他们对产品的品质、安全性要求非常高。

另外一个特点，就是今年的团队客人对团形非常在意，到底几个人成团？往年很少遇到这种情况，25 人团就卖得非常快，但是超过 25 人，像以前 30 人、35 人的团现在很难卖。比如，上次有一个团是 25 人，后来有两个人一定要加进来，结果其他客人都反对，表示只要他们加进来就退团。根据携程集团的规定，违反之前承诺的情况都需要跟全体客人沟通。从这个角度来讲，客人现在对小团型，对安全、对品质的要求是明显偏高的，这也跟中高端客人的特质相符。这些客人对旅游的保障，包括在行程中很多服务的安全性保障，是很在意的。所以，对我们领队的强调上，包括事先的教育上我们做了非常多的工作，因为我们知道不能出事，因为一出事就是大事，必须未雨绸缪。

主持人：谢谢潘总给我们带来的介绍。听完介绍以后，我们原来一些朦朦胧胧的感觉，其实得到了验证。一个最大的变化，现在出境游对绝大部分家庭来说会变成一个更加慎重的决策。一方面是因为海外市场已经出现了一些变化，你要去做新的准备，原来觉得驾轻就熟的东西不一定好用了。第二，对经济方面的要求，可能像往年一到过年，与其去三亚还不如去东南亚，比三亚便宜很多，但是现在出境游又重新变回一个比较奢侈的消费，又成为家庭一块非常显著的支出，还是要慎重地规划一次不容易的出行，提前开始准备，说走就走的旅行还需要比较长时间来恢复。接下来请教一下安保专家，中安保国际公司总裁助理兼安全总监李学飞先生，从安保角度说一说这半年相比前些年出现哪些变化？

李学飞：很荣幸有机会受邀参加这样一个活动，我是做安保行业的，在这个行业里已经做了 12 年，我们主要就是帮助我们“走出去”的企业和公民在海外如何识别和判断风险，以及遭遇到一些突发事件的时候该如何去处置。我们以为“走出去”的公民和人员服务为出发点。三年疫情不仅对我们“走出去”的企业影响很大，对我们从事服务“走出去”企业的安保行业其实影响更大。三年疫情对安保行业有很多影响，很多安保企业坚持到一半就破产了，甚至就在这个行业里消失了。刚才讨论里反复出现“保险费上涨”、“旅游成本上涨”，其实安保费用也随着整个市场的变化在发生变化。

作为安保方面的从业者，中国公民“走出去”，不管是企业（雇员）还是作为旅行者，目前面临的风险和挑战主要是两个方面。第一，全球恐怖主义、恐怖势力呈现复苏迹象，这对我们“走出去”的企业和个人存在潜在的波及风险，也是我们这个行业的一个重要监测方向。很多企业和旅行社及其他从事海外服务的机构都清楚全球的恐怖势力大概分布在什么地方，我们上午发布的海外风险版图，也标注了海外安全，其中就谈到了恐怖势力在全球哪些范围分布。通过今年半年的监测，我们发现在这个方面出现了一些新的特点，比如在欧美地区，现在恐怖主义势力有所抬头，尽管我们好像很少能看到这些国家发生实质性的恐怖袭击事件，但并不代表这些风险是不存在的，其实更多都是把这个风险在发生之前给消除掉了。欧美恐怖主义的特点主要是针对“走出去”的旅游者和旅行社，因为这部分的个人和群体通常会去人员相对比较集中或者是经济比较好的一些地区或者地标性的地点去打卡、旅游，去当地观光，这些是欧美地区极端组织或者是恐怖组织重点关注的区域。他们会在这个地方去主动发动袭击，我们作为个人，在这个地方旅游时，极有可能会遇到这方面的波及风险，这是欧美，是我们常去旅游的地方现在的状况。

东南亚是中国人出境旅游更常去的目标区域，经济实惠。我们通过对恐怖组织发展的监测，发现东南亚的恐怖势力也有一些新特点。东南亚国家本身就有很多内部政治因素的问题，导致它在国内有一些反政府武装或者是国与国之间存在一些边境问题，存在一些“三不管”地区。在这样的背景下，恐怖势力更容易滋生或者渗透，并且在这些地方发展、生存，因为有一个滋养他们的空间。所以，去东南亚旅行，对恐怖主义威胁需要注意。东南亚不像欧美有一些很高端或者是很奢侈的景点，东南亚有很多很平民化的地方或者是很偏僻的自然景观，费用不是很高，深受一些个人和团体的欢迎，但这些地方其实多是反政府武装或者是恐怖势力、极端势力发动武装袭击，或者是侵犯外国人、游客的一个主要的目标区域。

我们通过监测，发现全球的恐怖势力在欧美和东南亚有复苏的迹象，而这两个地方也是中国人一直比较青睐的旅游目的地。所以，我们的旅行社、旅游团体和旅行个人，在去往这两个地区的时候要做好相关的准备，一定要了解这个地方涉及的恐怖主义问题。

第二个风险就是，现在全球的格局正在发生变化，各国的政治、经济等方面都会有一些问题，严重的可能会引起一个国家的动乱，轻则会对这个国家整体的社会安全形势、社会稳定性造成很大的影响。

不管是“走出去”企业的员工，还是作为旅行者，我们在面对风险变化的时候，是否做好了准备？今年以来我们通过网络媒体多多少少看到，我们“走出去”的企业员工和个体的旅游爱好者，在非洲、巴黎、东南亚，都发生了一些安全事故，事后的背景更多的是以利益为目的的，有的其实事情很小，可能就是为了抢一部手机、抢一个钱包，但是我们的人员因为缺少这方面的意识，最终上升到了伤害甚至是杀人的地步。所以，第二个风险就是全球不稳定和不确定性等诸多因素，导致一些国家内部发生动乱，社会稳定性发生了变化，对我们“走出去”企业的员工和个人来说，这是一个非常严峻的风险和挑战，是我们要重点关注的。

对于“走出去”的企业和个人，总结起来有三点要注意：

第一，人员安全意识，要做好这方面的准备工作。

第二，有没有足够的安全保障，企业可能相对好一点，作为个体旅游者是没有周全的保障的，通过旅行社出行旅游可能还好一点。

第三，正义追责的成本比较高。

究其根本，一是市场发生了变化，给我们带来了挑战；二是我们作为个体的旅游者，也实实在在面临一些挑战。

主持人：下面我们请出大救星代表——江泰全球救援联盟副秘书长常美玲女士，从救援方而言，尤其是专业的救援平台能够提供什么样的服务？这半年以来有没有积累一些案例或者经验，可以让游客放心出游？

常美玲：大家好，很高兴在这里和大家见面，今年是我从事救援工作的第 15 个年头，在座的很多都是老朋友，受疫情影响，也是我们三年后首次做线下的聚会。刚才几位专家总结得很到位，我个人从救援一线的实际工作来给大家介绍一下我们最近看到的风险。我们感受到最大的特点是不同地区的风险是不一样的，比如说东南亚，可能对于旅客来说，面临更多的风险是当一些意外伤害引起比较严重的、可能会危及生命的疾病或伤害时，得不到及时的救治，这可能是最大的风险。例如交通事故，东南亚有些地方的交通规则不是那么规范，有些地方甚至使用没有营运执照，也没有营运保险的摩的，路上很容易出事故，出了事故之后，游客没有任何保障。另外，到东南亚的很多游客喜欢去印度尼西亚、菲律宾潜水，很多潜水的地方非常偏僻，没有正规教练。一旦遇险，又很偏僻，附近没有很好的医疗条件可以给安排医院，甚至没有马上安排救治的可能，游客面临生命危险的可能性比较高。

比较发达的地区，游客面临的风险就不一样。欧洲同东南亚一样都是比较热门的旅行目的地，欧洲在新冠疫情以后盗抢风险比较高，游客少了，可是事故更多了。过去这几年，欧洲刚熬过疫情的时候俄乌冲突就来了，受俄乌冲突的影响，欧洲出现了能源危机，电价上涨。疫情前我一个月的电费是 30 欧元，现在我家是 60 欧元，居民电价翻了一番，而营业电价、餐厅电价，疫情后至少翻了 7 到 10 倍。欧洲大多数的食品是通过公路运输的，因为油价上涨，所以超市的食品价格都上涨了。我是个山西人，喜欢吃面食，疫情前我喜欢吃的面粉一公斤是 0.99 欧元，现在是 1.85 欧，几乎翻了一倍。

欧洲现在面临的问题是失业率比较高，通货膨胀，加上俄乌冲突难民的涌入。在疫情前，亚洲面孔就是他们偷盗的重要目标，因为亚洲人有带现金的习惯，疫情以后，我们就更成为重灾区了。

刚才安保专家讲，我们很多人可能出去就没有防盗意识，我给大家讲一个案例。我的一个搞救援的朋友去欧洲旅行，到了米兰来找我，他们是两个家庭自驾游，要去著名的五渔村，沿途会路过世界著名的比萨斜塔，怎么着也要停下车去那里拍个照，两个家庭带着孩子去比萨斜塔照了一张相，前后 5 分钟，回到车上就继续上路了，开到半道上孩子说饿了，妈妈就打算停下来吃点零食，结果打开后备厢，空了，照相 5 分钟后备厢被搬空了，他们都不知道。陈司长刚刚也提到，要看好自己的证件，看好护照。现在大家说，如果没有在欧洲丢过东西，就说明不常来欧洲，也侧面说明了现在风险非常高。

第二环节

主持人：中国公民“走出去”，其实刚才分区域、分角度已经分析得非常清楚了。各位专家分享了几组数字，一个是目前的旅游产品平均比原来可能贵 40%，还有一个数字很重要，现在的出境游恢复情况，旅行社的角度来看只恢复了 15% ~ 20%。这说明，绝大多数国人，哪怕曾经是出境游的狂热爱好者，可能在疫后的第一次出游还没有成行，也可能要等到夏天孩子放暑假，或者等到秋天，等到市场再升一升温，最晚到冬天才会出行。所以这个时候大家最关心的问题就是，在疫情后的第一次出行前，到底应该做什么样的准备？无论是保险的准备、手续的准备还是心理的准备，还是个人自我保护技能的准备。我们请刚才发言的四位嘉宾给我们做分享。

陈雄风：如果从个人的角度讲，我觉得“走出去”之前，你需要准备的太多太多了。但是从宏观上讲，我个人给大家归纳一下，其实就是两点，第一，要想得到；第二，光想到还不行，还能办得到。围绕着这两点，大家可以发散思维“我需要做什么”。

刚才大家提了很多潜在的风险点，确实应该想得到，就是我出去不可能是一帆风顺的。刚才有嘉宾提到了，如果去欧洲没丢过东西，那就是去得少。我去得多点，确实也丢过。但是很荣幸，丢的是一团纸。为什么丢一团纸呢？当年出去旅游，穿条牛仔裤，其实也算是一种防范措施，揣了一团纸，鼓鼓囊囊的，在前兜，真正有点小钱，揣腰里了。所以，引起了某些人的注意，手就进了我的兜，当然我也把他按住了，现场很精彩，周边还有游客鼓掌，当场拿获，我说你掏出来吧，看看你偷的是什么？他掏出来一看是团纸，他也很沮丧。这个例子说明什么？第一，那个地方偷盗的风险确实比较高；第二，你应该想到，应该防范，这不是自我吹嘘。

我们说“想到”就是意识到在国外可能会遇到各种各样的困难和风险，要有思想准备。要“办到”就是要积极地创造条件做好预案，应对你可能遇到的风险。经过多年的实践，无论是国家还是个人，在风险防范以及处置等方面的能力有了很大的进步，但是面对国外复杂的环境，我们还需要做更大的努力。前面几位专题演讲的嘉宾归纳总结得非常全面。

第一，安全意识方面还有很大的提升空间，要意识到我们出去面对的是一个陌生的环境，有关的安全信息、安全知识的传播方式和手段这些方面也需要我们有关部门大力地、进一步地丰富和优化。刚才提到的很多手段，有些算是新媒体传播了，但是传播方式在日新月异地发生改变，我们过去可能刚刚熟悉的新媒体传播方式很快就成了传统的了。因此，需要不断优化更新。

另外，个人收集安全信息的主动性也需要进一步地提升，毕竟如果你自己不愿意做的话，还有谁能帮你成功？这是一句俗语，换一种说法是“自助者天助之”。

第二，在国外，我们的救援能力还有很大的提升空间。我曾经碰到过一个案例，我们有一个服务对象需要紧急救援，要用飞机把他从国外转运回来，客户有资金方面的能力，租用了飞机，但是这个飞机飞不回来，为什么？因为这个飞机不是普通的飞机，是一个医疗救援的包机，不像商业包机那样简单地申请一个飞行许可就可以飞，它还面临着卫生方面的许可。这是专业的领域，因为时间有限，我不再展开。在国内，我们有熟悉的环境，有熟悉的人群，遇到问题可以比较迅速地找到解决的途径，换句话说，能够找到人办成事。但是在国外怎么办？政府方面做了很大努力，我确实可以跟大家保证，无论是外交部门还是其他政府部门都作出了极大的努力，但是大家应该清醒地认识到，这是一个客观的现实，政府设置的相关机构是太少了，它受制于各种因素。比如说我们的驻外使领馆，现在满打满算大概 260 个，换句话说，也就是在全世界的范围内，政府也就这 260 来个点，注意，是“点”。比如说我们在美国，原来是 6 个点，一个使馆、五个总领馆，现在还关了一个，每个点所覆盖的面远不是国内的行政机关能够想象的。所以，大家在外面经常抱怨换照难，等等。确实难，为什么难？因为没有那么多的点，这就是条件所限，不是你想设就设的。在国外，对不起，没有人同意的话你办不了。这是突出的一个供需之间的矛盾，也给我们的企业和救援服务这一块带来了非常大的成长空间。如果我没记错，美国人走出国门的时间也并不算太长，20 世纪 30 年代的时候，美国人要走出国门也不是一个简单的事，那个时候的美国政府在国外的服务非常落后，于是乎有一家信用卡企业看到了其中的空间，主动地为持卡者在国外遇到困难时候提供各种服务，由此给它也带来了巨大的客户群体。所以，这个事情是值得我们借鉴的一个点。

潘渤：准备去海外旅行，第一个要做的准备就是找一家靠谱的旅行机构。大家可能觉得旅行很简单，自己做个“攻略”就出去了，但是大家把这个想得有点过于简单了。我们服务的目标客群往往都是有钱没有时间的所谓中产阶层，每天都非常忙。在这种情况下，找到知名的、靠谱的旅行机构，很多问题都避免掉了。从这个角度来讲，这一点是大家第一个要去做准备的。

第二，我们作为一个民间的商业企业，除了在奥地利、德国、英国有自己的分公司外，在欧洲各个国家的华人餐厅、华人地接、华人留学生，其实都是跟我们有联系的，我们已经在欧洲耕耘了 30 年。有时碰到意外事故，如客人生病了需要人照顾，而导游可能还要带着团继续往前走，这时我们的华人餐厅都会来帮忙，或者是留学生都会来帮忙，这实际上是一个无形的民间网络，这么多年沉淀其实可以起到很重要的作用，跟官方渠道形成了非常好的配合，一些官方不方便做的事情，我们民间的商业机构就可以做。

从这个角度来说，大家走到海外，希望有一个比较完美的、比较省心的旅行，第一件要做的事就是找一家正规的、有品牌效应的旅行机构，跟它购买产品，这样可以避开很多坑，而且一旦碰到问题都会有人来管。携程有一个专门的风险基金，每卖出去一个产品都会抽其 1% 存在那个基金里，以应对突发事件。疫情期间，我们携程承诺所有费用全退，除了签证，因为签证是已经送进使馆去了，已经发生了，除了签证费之外，所有其他的费用一个月之内全部退完了。事实上我们很多费用，都已经支付出去了，像航空公司的费用、地接的费用等，但是我们承诺全部退给客人，当然我们也跟供应商协商是不是可以分担一些损失，但我们第一时间费用全部退给客人，对客人来说非常有保障。客人没碰到事情可能觉得越便宜越好，但是一旦碰到事情，就会发现正规的机构、正规的品牌，这些承诺关键时候就会体现出来。

常美玲：我上个月在米兰参加了米兰总领馆举办的媒体座谈会，我们当时讨论的一个重要议题就是怎么样让游客不要等丢了证件、丢了包再来找我们，怎么能让他在出门之前就意识到你来欧洲就要看管好你自己的钱包。现在游客面临的一个问题是自己的风险意识太低。好在刚才陈司长也说了，国家政府机关实际上做了大量工作，大家出行前可以关注相关公众号和下载领事馆 App，也可以关注大救星的 App，我们都做了国家风险的提醒。欧美国家的人出门之前一定会买旅行保险，旅行保险在欧洲这边是强制性的，东南亚大部分地区现在可能由一些旅行社会帮大家买，会稍微好一点。但是，现在国内的保险设计还是存在一些问题，我们是把保险当成一种事后的保障，没有事中去干预，比如买了医疗险，出了事之后回来报销，看病报销 5 万元，住院报销 30 万元。但是问题是当游客在海外的时候，一旦头疼脑热，或遇到交通事故、盗抢就傻眼了，摸不到医院和警察局的门，好不容易摸到医院的门发现语言不通。欧洲有一些小语种的国家，意大利人讲意大利语，法国人讲法语，西班牙人讲西班牙语，没有哪个游客什么语种都会，而且一出去旅游都是四五个国家连着游的，语言不通，沟通不了，需要当地有一个人去给你解决这些问题。而且护照一丢走不了，需要补办证件，接下来所有的行程、所有的酒店都废掉了，这都是经济损失。

我们现在除了要关注保险赔不赔这些行程延误，一定还要关注这个保险到底提不提供救援服务。我们现在大量的保险是不提供救援服务的，旅客一定要去挑选能够提供救援服务的保险，在我出事的时候打一下电话，马上就能给我安排医院，马上就能给我安排一个人陪我，有一个陪同服务，陪我、带我去警察局去报案，带我去领事馆补办证件。旅行社也会很轻松的，因为一旦你出事了，导游不可能留下来陪你一个人，扔下团里剩余的人。所以，大家一定要关注你现在买的保险有没有救援服务。为什么我们现在的保险设计很多没有救援服务？关键是咱们国家的救援行业起步非常晚，因为我们大部分国内的救援公司在国外是没有服务网点的，没有签约的医院，没有办法给你安排挂账，只能让你自己看完病再回来报销。

我们之所以从 2016 年成立江泰救援，发起建立江泰救援联盟，就是为了解决这些问题。我们是国内第一家自建全球网络的，就是为了在国外能够有自己的服务网络，有自己的救援公司，给我们的国人提供救援服务。

另外，如果病情严重到需要医疗包机，这将会产生巨额费用，还涉及跨境付款的问题。也许生病住院有公司可以给你担保，但救援行业的行规是如果选用包机，一定是起飞前要把所有的费用都付掉的。但是跨境外汇支付管控很严，你要给银行提交合同去审，这样好几天就过去了，而飞机一般 24 小时之内就要飞的。所以，从 2017 年江泰就在意大利设立了海外办事处，我们有自己的欧元账号，能够解决立即支付的问题，这都是为了解决这些问题应运而生的。

总结来说，作为游客，我们要做什么？

首先，出行前要关注相应的这些公众号，下载相应的手机 App，了解相关出行风险预警信息。

另外，大家都看一下你的手机里有没有一个你在出了事的时候可以帮你救命的一个 App？如果没有，那就赶紧掏出来下载一个“大救星”App。因为我们在上面已经把最近的警察局给你标注好了，最近的医院也给你标注好了，而且上面还有全球注册的、由 6 000 位当地华人组成的“星使”团队，他们可以讲中文。如果你需要翻译，一键呼救，离你最近一半个小时就有一个华人可以陪你去警察局报案。如果你需要重大的医疗救治，一键呼救，30 秒之内就可以连接到我们 24 小时的呼叫中心。所以，要提醒大家赶紧拿出手机下载大救星 App。

主持人：接下来我们想着重谈一下中资企业的外派人员，这也是我们中国公民“走出去”非常重要的一股力量。外派商务人员或者劳务群体的安全应该如何保障？首先请教企业方面的代表，北京建工集团有限责任公司国际业务高级运营总监谭锋先生，无论是北京建工集团的劳动者，还是企业在海外的运维人员，今年以来救援保障方面有哪些经验跟我们分享一下？

谭锋：大家好，很荣幸有这个机会在这里与各位专家进行交流。北京建工集团是一个与共和国同龄的国有企业，跻身于全球 225 家最大国际承包商，中国 500 强企业，中国承包商十强企业行列。北京建工集团的国际业务始于 20 世纪 50 年代国家经济对外援助工程，是中国最早“走出去”独自承揽国际项目的公司之一，现在我们企业的国际业务已经遍布全球五大洲，在 32 个国家和地区建立了分支机构。

在境外经营过程中，如何解决所面临的各种风险是我们企业特别关注的一个问题。随着中国经济的发展，中国人民的收入水平逐步提升，技术工人的老龄化日益明显，一些 40 多岁甚至 50 多岁的工人在国外高强度工作下出现心梗、脑溢血的情况时有发生。另外，我们派驻境外的人员常常要面临长途的飞行和长时间的转机等待。我们公司就有一个项目经理，在转机的时候突发疾病，滞留于欧洲某国的机场，由于没有签证无法入境，很难得到当地使领馆的帮助，而驻外机构对此事也颇感棘手。

所以，在出现疾病的紧急情况下，如何快速地得到应急救援，以及在长途旅行中如何解决人员健康的风险，特别是如何安全稳妥地值机回国，这是我们近期所面临的难题之一。对于“走出去”的企业和员工而言，除了疾病风险之外，排在第二位的就是社会风险，例如众所周知的 2011 年利比亚大撤退，2012 年刚果（布）的首都布拉柴维尔的一个军事弹药库爆炸，虽然我们的建筑挡住了爆炸波，保护了居民，但是我们的工地也有伤亡。我本人在泰国工作期间就遇到了 2013 年红衫军反政府示威，2014 年军事政变，2015 年泰国炸弹袭击事件。我们在非洲的项目部被偷盗是常有的事情。所以，借此机会，希望安保方面的专家给予一些安防及人员健康方面的建议。

除了以上两类外部环境带来的风险外，第三类风险是各行各业都面临的，就是安全生产风险。值此盛会，如果有可能，希望专家能够对中资保险企业在境外承保工程一切险、第三者责任险，在境外理赔方面的经验、能力、案例给我们介绍一下。

面对境外的各类风险，当我们自己无力解决的时候首先想到的就是外交部领事保护与服务热线 12308。在世界多个国家开展工作，我们是深有感触的，外交部、商务部、驻外使领馆经参处对海外的中国公民能够及时提供帮助，特别是对我们企业扎根当地、拓展当地市场起到积极的作用。

主持人：接下来，我们请教一下大救星医疗救助专家冯振声先生，无论是公民个人出境游，还是外派员工的健康问题，在海外有没有自救的方法？还是寻求专业的帮助？您的见解是什么？

冯振声：首先，很高兴参加今天这个论坛，听了各位安保专家、领事专家的发言，收获很多。我个人从事医疗救援工作将近 20 年，最初我也是公立医院的医生，所以我从个人的经验和体会跟大家分享几点建议。“走出去”的中资企业到海外会遇到各种意外和困难，我有以下几点建议：

第一，中资企业“走出去”前一定要注重出国人员出国前的体检，特别是要根据相关作业区域，根据项目所在地的环境特点，开展有针对性的体检。不要搞泛泛的体检，那是没有意义的。要根据项目所在地，比如非洲、热带地区、东南亚地区，根据项目所在地的环境特点、地理特点，包括人员的组成进行有针对性的体检。另外，给每个员工建立一份健康档案。这是最小的代价，但是能获得最大的回报。这样公司会对员工的身体状况有一个清晰的了解。

第二，企业要派出专业性医疗服务团队，建立现场诊所，在诊所可以为员工现场提供急救、健康咨询，包括急救的培训、健康教育、日常疾病的全科诊疗。企业的海外员工不可能有一个很小的病就出去看病，这是不现实的，语言也不通。另外，还可以通过电话和网络的形式开展心理咨询，满足企业员工不同层次的一些基本医疗需求。

第三，一般企业“走出去”要先对周围的环境、当地的安全形势、当地的地理气候有一个大概的了解，根据作业区域周边医疗资源的调研和评估的结果，有针对性地选择一到两家有资质的、值得信赖的医疗机构，包括医院、诊所，像在非洲，可以找中资机构建立的医院或者中国人开的医院，还有当地政府运营的公立医院，和他们建立长期合作的关系。一旦我们的员工遇到一些紧急情况，有了这些机构的支持，我们就可以获得更多的医疗资源，企业处理起来就会更得心应手一些。

第四，从企业的角度来讲，平时要不断地改善和提高员工的工作和生活条件，合理地安排其工作和休息时间，避免因过长劳动时间、劳累产生一些意外，因为在海外毕竟不比在国内。合理安排休息时间，绝对杜绝酗酒。这样，员工就会有充沛的精力和体力来应对日常工作的挑战。表面上看企业付出了一定的代价，但这是企业获得最好回报的一个最佳手段。

除了以上四点，我还想强调另外两个方面：一个是员工的心理健康往往比身体健康更重要，更值得我们去关注。身体健康往往通过药物治疗可以缓解，但心理健康就不一样，因为中资企业参与的业务往往都是在发展中国家，主要是非洲、东南亚、拉丁美洲地区，这些地区工作和生活条件比较艰苦，而且自然环境、治安环境较差，社会动荡、政局有时不稳，最关键的是医疗资源匮乏，而且医疗水平不高。中资企业员工长期生活在海外，远离祖国和亲人，长期在压力下进行工作和生活，缺乏交流和沟通的渠道，缺乏倾诉的对象，如果这时企业能够招募一些心理咨询师甚至是心理医生，到现场给大家提供心理咨询，就可以取得一些意想不到的效果，不但缓解了员工的乡愁，还可能收获一些意想不到的效果。

另一方面，企业要建立自己的医疗应急响应体系，这一点非常重要。要时刻做好员工出现紧急情况的准备，像出现意外受伤、突发疾病等。同时与作业区域周边的医疗机构建立长期密切的合作关系，最重要的是开通绿色通道，建立医疗保险的直付或者是垫付的功能。这样一来，一旦员工遇到紧急情况，他就可以凭借自己的有效身份证件，立刻在境外的医疗机构得到及时有效的救治，免去很多麻烦，因为在境外支付费用流程很复杂。从这个角度来说，江泰救援开发和运营的大救星服务平台就是这种服务最好的选择，因为中国公民在海外只要下载“大救星”的 App 就可以享受一键救援的高效服务，中文“星使”服务正是大救星服务平台最大的优势和特色，这是其他的救援平台所不具备的。

主持人：最后我们用一点点时间，请每位嘉宾用一两句话总结一下您想对中国公民“走出去”或者海外中国企业的员工，想对他们说的是什么？

潘渤：第一，整个疫情之后的恢复还是非常值得期待的，大家还是尽快把护照办好，我认为恢复会非常快，到第四季度可能就会有很大的变化。

第二，大家在“走出去”的时候还是要找到一个比较可靠的助手、帮手，能够帮你来规划这些细节，这样能最大程度避免风险。

陈雄风：一场说走就走的旅程必定会回来，“走出去”之前多想想，争取都能办到，这就算是我的一个总结。谢谢。

谭锋：第一，我们企业到一个国家去，是要做很多功课的，这个功课的范围比较广，不仅仅是人身安全，还有各种其他的功课。尽量能够做到一国一策，我们“走出去”的准备工作要做得充足。

第二，我们“走出去”之后，到了当地做的第一件事情就是找当地的政府机构、使领馆报到，跟他们建立好联系才能开展工作。

这是我们企业“走出去”要做的两点。

李学飞：第一，我们“走出去”的企业一定要提高自己的主体责任，因为你的员工其实在海外更多地还是要依靠组织的。我们“走出去”的企业，你的企业文化、安全管理理念是什么样子，就决定了你的海外项目安全管理的实际水平是什么样子，我们要举好我们的“保护伞”，为我们的员工画好他们的“伏魔圈”，让他们在一个安静、稳定的环境里发挥他们的价值。

第二，有人说“专业的人做专业的事”，我想说的是“专业机构做专业的事情”。我们“走出去”的不管是企业也好，个人也好，在安全和救援这一块并不一定是强项，我们要依靠有救援能力、有这方面实力的机构以及人员去做专业的事。

第三，对每一个“走出去”的个人、企业来讲，只有自己的安全是自己的，自己的家庭是自己的，在海外一切都是以保证自身安全为准则，你个人安全了，你整个项目的所有人都安全了，项目肯定就是安全的。怎么做到个人安全？首先，要提高我们的安全意识。我们所有的涉外项目一定在当地会有很多安全管理制度，这就是红线，个人一定要在红线内，不能超出红线，这是我们的安全意识。其次，我们要积极地推进安全文化建设，不管是培训也好还是应急演练也好，我们要积极参与，不能说把所有的事情全部交给企业、交给项目，个人就只负责做好我的本职工作，这是不对的。你在海外，你也是海外安全的一个重要组成部分，一定要主动。我们老是说不能总想着组织要你安全，你个人一定说“我要安全”，这个理念非常重要。

常美玲：我自己也是个出行者，我从 2016 年加入江泰的海外考察，已经走过 40 多个国家了。我自己本身是一名医生，我也是一个企业的外派员工，2018 年就被外派到欧洲做代表，大家也看到我今天缺着两颗门牙上台了，说明什么呢？风险无处不在，我在出差的时候把我的两颗门牙留在了德国。我在这里想提醒我们所有的人，无论是出行者，还是我们企业的外派员工、企业的管理者，都要关注我们出行者和外派员工的海外安全。风险无处不在，我们一定要选择本地化的服务，加强我们的联盟合作，选择“大救星”，让你的保险更保险。

冯振声：无论是企业还是个人，应该把安全放在第一位，不要等出事就后悔了。所以，作为医生来讲，就像医院里经常强调的“预防重于治疗”。

主持人：防患于未然。谢谢六位专家给我们的分享，很有人情味。

伴随着温馨环节的结束，今天的 2023 全球救援服务论坛接近尾声了。今天上午我们共同见证的是中国企业“走出去”风险发布大会，下午我们共同见证了 2023 全球投资服务论坛和全球救援服务论坛。到此刻，我们所有的议程已经圆满结束了，而且取得了远超预期，非常好的效果。东野圭吾说过一句话，我自己很喜欢，他说“最令人感动的从来都不是腻人的情话和昂贵的礼物，而恰恰是下意识的惦记和语气里满满的温柔。”今天我们的三场发布会，或者说是一场主论坛和两场分论坛，当然有冷静的思考，有对于行业最前沿的观察，但是我想大家也能够感受到江泰全球合作联盟、江泰全球救援联盟给大家的，无论对于企业“走出去”、对于中国投资“走出去”、对于中国公民“走出去”，是有下意识的惦记和语气里满满的温柔的。

我们想说“风险年年有，年年都在变”，但是唯一不变的是中国企业“走出去”风险发布会会继续在线上、在线下陪伴着中国企业、中国投资、中国公民高质量安全地“走出去”，砥砺前行，行稳致远，让我们在这样一个不平凡的夏天记住这样一份温暖。

谢谢各位，我们本次大会就到这里，明年再见！

扫码观看 演讲视频